Startup

Utilice conexiones para construer su startup de Silicon Valley

Andreas Ramos

Traducido por Edgar Estanislao

Editado por Gala Gil Amat

andreas.com

Derechos de Autor | Copyright

Versión Español

Este libro ha sido traducida al español, chino, francés, y al coreano.

Puede conseguir este libro en formato impreso, digital (Kindle), de vídeo o en podcast de audio.

El Sitio Web de este Libro

andreas.com/book-startup.html

¿Encontró un Error?

Si encuentra errores u oraciones incorrectas, hágamelo saber. Por favor incluya el número de página o la oración en particular para que la corrija.

¿Tiene un comentario o idea?

¡Me encantaría escucharla! Envíeme un correo electrónico (andreas@andreas.com) o escriba un comentario en la página web del libro para que las pueda agregar en futuras ediciones.

Acerca del Autor

Andreas Ramos ha fundado tres startups y es también consejero de otras quince. Ha trabajado para más de treinta startups en Silicon Valley.. Hoy en día, Andreas es profesor de marketing digital en CSTU en Silicon Valley e INSEEC en San Francisco. También el ha escrito doce libros sobre SEO. Andreas se graduó de la Univeristät Heidelberg y actualmente vive en Palo Alto, California con su esposa y su gato.

- Para saber más de Andreas o su gato, visite andreas.com
- El correo electrónico para contactar al autor es andreas@andreas.com
- Para subscribirse al boletín informativo vaya a **eepurl.com/wC-C1** o a la página web.

Traducción

Este libro fue traducido al español por Edgar Estanislao (edgar2estanislao@gmail.com) y corregido por Gala Gil Amat (@GalaGilAmat). La versión china fue traducida por Frank Wei. La versión coreana fue traducida por Dale Ho Kim de Corea del Sur y la versión francesa por Cyril Ghattas de Francia.

Diseño y Producción

- Portada de Ginger Namgostar. Diseño de Anaximander Katzenjammer. Banda sonora de Eliza Rickman, Coeur de Pirate, Basia Bulat y Zaz.

Dedicatoria

- Edgar Estanislao de México y Gala Gil Amat de España

Marcas Registradas

Los nombres de compañías y productos son marcas registradas de sus respectivos propietarios y se han utilizado en este libro solamente de un modo editorial. La infracción, promoción o afiliación no es intencionada. Bla, bla, bla.

Consideración Promocional

En este libro se mencionan compañías, aplicaciones de software, libros y demás porque pueden ser de ayuda para usted. Ninguna compañía ha pagado para ser mencionada en este libro.

Agradecimientos

Hablé con muchas personas para elaborar este libro a las que agradezco enormemente por sus grandes ideas. Entre ellas se encuentran (alfabéticamente): Adrián Rodríguez, Alston Ghafourifar, Barry Simon, Bob Chunn, Eric Milliken, Gala Gil Amat, Mehdi Ghafourifar, Patrick Chung, Ron Morris, Ronda Broughton, Vera Kryukova, Zhihong Gongylos estudiantes de INSEEC San Francisco. Gracias especialmente a Ed Ipser por la crítica constructiva y las sugerencias.

También agradezco las diferentes ideas extraídas de los libros, *"Zero to IPO"* de David Smith y *"The Business of Venture Capital"* de Mahendra Ramsinghani y de las charlas de Y-Combinator.

Tabla de Contenidos

Empecemos

¿Para quién es este libro?

Usted tiene una idea y quiere crear su propia compañía. Usted empieza una nueva empresa, también conocida como una startup en la etapa semilla.

Espere, ¿Qué es una Startup en la Etapa Semilla?

La etapa inicial de una startup está compuesta de un equipo de emprendedores que quieren transformar una idea en un negocio. Una vez se ha creado el producto o servicio en la etapa inicial, la startup avanza al estado de crecimiento y luego al de expansión donde se empieza a desarrollar el modelo de ingresos, es decir, la manera de obtener dinero por medio de la publicidad, las ventas y las suscripciones, entre otros.

En este libro estudiaremos solamente las startups que se encuentran en la etapa inicial para que puedas aprender cómo desarrollar tu idea y emprender tu propia compañía.

La gente utiliza los términos fase inicial, semilla o germinal, entre otros, para describir la creación de una nueva empresa. En este libro utilizaré los términos fase inicial y fase semilla.

¿Qué es una compañía conectada?

Idea Principal: Una startup es exitosa si cuenta con fuertes contactos entre los fundadores, asesores, inversores y clientes.

Para los extranjeros, Silicon Valley es sinónimo de tecnología y herramientas digitales. Pero el verdadero valor del Valle está en su compleja red de contactos personales que comparten recursos e información: cómo encontrar cofundadores, asesores, inversores y clientes, cómo crear startups por muy poco dinero, cómo encontrar las mejores soluciones técnicas, qué actividades funcionan y qué otras no, qué personas hay que evitar. Todo se basa en los contactos.

Eso es lo que he aprendido al escribir este libro y haber hablado con docenas de fundadores, asesores, e inversores. Esa es la idea principal en este libro. Si aprendes solamente una cosa, aprende cómo construir y aumentar tu red de contactos profesionales.

Cualquiera que sea su ámbito, todo se basa en los contactos. En cada ámbito en el que he trabajado siempre he encontrado una amplia red de expertos que han trabajado en ese campo durante más de quince o veinte años y que lo conocen en profundidad además de conocerse entre ellos. Si usted quiere tener éxito, tiene que formar parte de estas redes profesionales.

Qué es este libro

He escrito este libro para proporcionarle una guía de cómo emprender su nueva startup en Silicon Valley (SV). Este libro cubre:

- Cómo escoger su equipo de cofundadores y asesores profesionales.

- Cómo desarrollar su idea

- Cómo construir tu presencia digital

- Cuando incorporar su nueva empresa

- Cómo emitir acciones

- Cómo tratar con fondos privados

- Cómo vender su nueva compañía

¿Para quién no es este libro?

Si quiere un trabajo estable de 9 a 5 de la tarde, es mejor que trabaje para una compañía ya establecida.

Si a usted le gusta la aventura y tiene un espíritu emprendedor, cree una startup. Las startups son un continuo caos donde se trabaja más de 80 horas semanales sin ninguna garantía monetaria. Para ser más precisos, 19 de cada 20 startups fracasan.

Entrevistas con Fundadores

Entrevisté a 26 fundadores de startups, directores de aceleradoras, e inversores de capital de riesgo para conocer la realidad de cómo emprender una nueva compañía en SV, Dinamarca, Finlandia, Suecia, Francia, Alemania, España, China, India, Corea del Sur, Colombia, Indonesia, Hawai, Florida y Nueva York. Les estoy muy agradecido por su ayuda y honestidad.

Se cambiaron muchas cosas por lo que fui aprendiendo de ellos. A menudo, después de mencionar algo, agrego las experiencias de los fundadores. A veces, algunos se contradicen entre ellos mismos pero esto está bien. Hay varias maneras de llegar hasta la cima.

→ Cuando vea una flecha, es donde incluyo el comentario de un fundador.

Entre los fundadores se incluyen: Brienne Ghafourifar (SV), Oscar Gomez (Colombia), Gala Gil Amat (España), Sandro Groganz (Alemania), Dick Brunebjerg (Dinamarca), Joseph Biley (Costa de Marfil, África Occidental), Jules Peysson (Francia), Scott Stouffer (SV), Lars Birkemose (Dinamarca), Kenneth Low (Singapur), Nick Hurd (Hawai), Camille Belin (Francia), Sarah Green Brodersen (Dinamarca), Virginie Glanzer (Nueva York), Clement Gonthier (Francia), Maruf Yusupov (Dinamarca), Mehdi Coly (Francia), Andrea Lynn Cianflone (Nueva York), Wei Nie (China), Yeni Kim (Corea del Sur), Varun & Rahul Aggarwal (India) and Chris Beach (Estados Unidos).

También hablé con directores de aceleradoras: Claire Chang de IgniteXL en Redwood City, Steve Hoffman de Founders Space en San Francisco y Ed Ipser de IpserLab ubicada en Los Gatos, incluyendo varios inversores ángeles y de capital de riesgo.

Versión 1.0

Este libro seguirá evolucionando a medida que nos vayamos informando de qué funciona y qué no. Yo enseño esto cada semestre y trabajo con startups en California, España, Inglaterra, Dinamarca, Suecia, Finlandia, Francia, China, Corea del Sur y África entre otros lugares. Cada cierto tiempo publicaré nuevas versiones de este libro. Si usted tiene Kindle ebook, su libro electrónico se actualizará automáticamente.

- Si usted intenta algo nuevo y funciona, dígamelo. Lo añadiré.

- Si intenta algo y no funciona, también dígamelo. Lo borraré o advertiré a otros.

- Si usted quiere criticar, adelante. He estado casado tres veces; ya me acostumbré a la crítica.

Unas Notas del Texto

- En lugar de escribir "productos y servicios" cada vez, solo escribiré "productos".

- Algunas personas se preguntarán por qué explico palabras e ideas "que todos saben." Este libro lo leerán en China, África y Asia donde palabras americanas comunes como discurso de ventas (*pitching*) no significan nada. Incluso,los americanos no conocen algunos de estos términos "comunes."

- He escrito este libro para que todo el mundo pueda leerlo. Si usted no entiende una palabra, oración o idea, dígamelo y lo reescribiré.

- Cuando escribo $10, eso quiere decir diez dólares estadounidenses. Cuando escribo $10M o $10B, me refiero a diez millones y 10 billones respectivamente.

- Algunas personas preguntan, ¿por qué no escribes en estilo formal de negocios? Conténtese con que utilice signos de puntuación. Hay una razón por la que hago esto. Las startups son muy personales y llegas a conocer a tus cofundadores muy bien. No tiene sentido ser formal.

- ¿Por qué este libro es muy corto? Otros libros de startups suelen ser de 400 páginas. A la gente le gustan los libros cortos.

¿Alguna otra pregunta? ¿No? Bien. Empecemos.

1: Usted y su Startup en la Fase Semilla

¿Exactamente que es una Startup en la Fase Inicial?

Hay varias etapas en una startup en Silicon Valley.

- La etapa Semilla: A un equipo de personas se le ocurre una idea, crean un equipo y entrevistan a usuarios y desarrollan un producto para ver si pueden establecer un modelo de negocios sostenible. El equipo solicita la ayuda de asesores. Quizá el equipo decida entrar en una aceleradora o en una incubadora. Si la idea se ve prometedora, el equipo recauda fondos de familiares, amigos e inversores ángeles. A las startups en la fase semilla se las llama también startups en la fase inicial.

- La Fase de Crecimiento: La idea se convierte en un negocio, lo que significa que obtiene compradores y empieza a generar dinero. Contrata a algunos empleados y contratistas. Pone en marcha la comercialización temprana, las ventas y las métricas. Recauda más fondos de inversores ángeles y quizá de capitalistas de riesgo.

- La Fase de Expansión: El proyecto se convierte en un negocio con ganancias consistentes. Contrata a más personal y a algunos directores. Incrementa el presupuesto de mercadotecnia y ventas para el crecimiento de la compañía. Agrega departamentos. Acude a más inversores ángeles y a capitalistas de riesgo.

Después de eso, vendes la compañía, te fusionas con otra existente, haces una oferta pública inicial (IPO), o puedes permanecer en la compañía para siempre.

No hay definiciones claras para las etapas de las startups. Los fundadores e inversores tienen también diferentes metas, es por eso que se utilizan diferentes nombres y definiciones. De todas maneras, todo evoluciona constantemente.

Entonces, ¿qué es una Startup?

Durante un tiempo, una startup significaba una compañía tecnológica en Silicon Valley.

Pero hoy en día, prácticamente todas las compañías utilizan tecnología. ¿Qué es Uber? ¿Es una compañía tecnológica o una compañía de taxis que utiliza software? Cada año, la definición es menos clara. Me enfocaré en startups tecnológicas, pero este libro puede ser usado para muchos otros tipos de negocios.

¿Qué es Silicon Valley?

De 1930 a 1990, Silicon Valley (SV) estaba basado en ingeniería que construía cosas como: chips, discos duros y routers entre otras cosas.

A mediados de los 90, Silicon Valley evolucionó hacia Internet y la web. Se crearon Yahoo! y Google. Las redes sociales empezaron a mediados de la década del 2000 con Facebook, Instagram y Pinterest entre otros. Silicon Valley está ahora enfocado en compañías basadas en la web, entonces debería llamarse *El Valle Digital*.

Tres cosas funcionan conjuntamente en Silicon Valley:

- Las startups, que son equipos de fundadores y asesores que crean nuevas empresas. Aproximadamente hay 30.000 startups en Silicon Valley. (véase goo.gl/zk54re).

- El capital, el cual es invertido en las startups por inversores ángeles que ganaron dinero con sus propias startups o por capitalistas de riesgo (VCs) que gestionan el dinero de los inversores.

- Los servicios legales, que incluyen la incorporación, los contratos, la propiedad intelectual (IP), las patentes, los derechos de autor y las marcas registradas, son gestionados por abogados así como los servicios por fusiones y adquisiciones (M&A) y también están los inversores bancarios (IBs) que preparan las startups para la venta o una oferta pública inicial (IPO).

Simplemente recuerda que hay tres elementos principales: las ideas, el dinero y las cuestiones legales.

¿Dónde está Silicon Valley?

Como todo lo relacionado con Silicon Valley, su localización está también cambiando.

Cuando vine a Silicon Valley a principios de los 90, estaban Palo Alto y algunas pequeñas ciudades alrededor: Mountain View, Sunnyvale, Santa Clara y Cupertino. Era un valle muy pequeño entre dos pequeñas cordilleras.

A finales de los 90, SV se expandió hacia el triángulo formado por las autopistas 101, 237 y 880. El terreno donde solían haber amplias plantaciones de árboles frutales lo ocuparon Cisco y otras compañías basadas en la web.

A mediados del decenio de 2000, SV se expandió desde San Mateo hacia el norte de San José y a través de Fremont.

A principios de 2010, SV incorporó a las startups con sede en San Francisco mientras se extendía por lo que ahora se llama "La Gran Bahía", un triángulo de unos diez millones de personas desde el condado de Marín hasta Tahoe y hacia el sur hasta Monterrey.

En algún momento, Silicon Valley se globalizó. Lo que solían ser unos cuantos pequeños pueblos en un pequeño valle se transformó en una red de contactos global. Todo se realiza en su mayoría a través de la red por lo que da igual donde vivan los equipos. Las videoconferencias gratuitas, los email y el intercambio de archivos hacen posible trabajar desde cualquier lugar. Cuando las personas trabajan desde casa pueden realizar o recibir llamadas de Europa a primera hora de la mañana, así como también hacer o recibir llamadas de China o India a última hora de la tarde. SV es probablemente el área más globalizada del mundo donde el 74% de los trabajadores del valle son de otro país (véase goo.gl/PM1XZ2, p. 14).

Silicon Valley es ahora mundial. Es por esa misma razón que entrevisté a personas en China, India, Europa, África, Sudamérica y los Estados Unidos.

Usted puede construir su startup de Silicon Valley en cualquier parte del mundo. Puede obtener ideas y experiencia de los emprendedores de Silicon Valley, puede ver qué funciona en su país y ciudad, puede utilizar la red para conectarse y trabajar con gente de SV y construir su startup esté donde esté. Lo que ha sucedido en los últimos veinte años en Silicon Valley, pasará en todo el mundo en los próximos veinte años.

Emprendiendo en Tres Pasos

Aquí les doy una rápida visión general. Repasaremos cada uno de ellos en este libro.

- Usted establece un equipo de cofundadores y asesores.

- Habla con su clientes para averiguar los problemas que les cuestan tiempo y dinero.

- Basándose en esas entrevistas, crea productos para resolver esos problemas. Usted debería ser capaz de saber en seis u ocho semanas si su producto va a funciona.

- Cuando usted pueda mostrar que hay interés en su producto, el cual ahorra tiempo y dinero a sus clientes que estarán dispuestos a pagar por él, los inversores se interesarán en lo que está haciendo. Es en este momento cuando su startup pasa de la etapa inicial a la etapa de crecimiento en la que consigue el capital de los inversores, incorpora su compañía, abre una cuenta bancaria y acepta financiación. Usted utiliza el dinero para la mercadotecnia y las ventas para que su compañía pueda generar ganancias. Cuando consiga clientes, tendrá más apoyo.

- Al final, se encuentra la estrategia de salida. O bien vende su compañía en la etapa semilla o en la etapa de crecimiento a una compañía más grande ya establecida para que esta pueda invertir más recursos en la mercadotecnia o en las ventas. Si este es el caso, usted puede recoger sus $10m, compartirlos con su equipo de cofundadores, asesores e inversores y comprarse una playa privada.

¿Lo ve? ¡Solo tres pasos!

En pocas palabras, hay mucho papeleo de incorporación, abogados, contratistas, contables, etc. Tiene que hacerlo de la misma manera que tiene que lavarse los dientes. Hágalo porque hay que hacerlo. Su verdadero trabajo es su equipo, sus clientes y su producto.

"¿Espere, no había más de tres pasos en la lista?" Solo estoy asegurándome de que está prestando atención.

¿Cuánto Costará?

A mediados de los 90, necesitabas aproximadamente veinte millones de dólares para emprender una startup. Estas eran compañías pequeñas por lo que se necesitaban administradores del servidor, soportes técnicos, contabilidad y financiación, departamento de recursos humanos, asistentes, recepcionistas y personal de limpieza entre otros. Tenías que comprar ordenadores, servidores, sistemas telefónicos, etc. La mercadotecnia se hacía a través de emisoras de radio a nivel nacional, TV y periódicos, lo cual era muy caro.

Hoy en día, la fase semilla de una startup se puede hacer con muy poco dinero.

¿Cuánto de poco es "muy poco dinero"? Si su aplicación de teléfonos inteligentes está disponible en la tienda Apple para que otras personas la puedan descargar, entonces necesitará una licencia de desarrollador de aplicaciones de Apple que cuesta $100. Usted puede utilizar la herramienta que Google tiene disponible de *Adwords* para encontrar palabras claves (para los nombres de productos), frases (para eslogans, campañas o discursos de ventas) y logotipos. Usted puede hacer esto por alrededor de $100 y $200. Si usted se suscribe a *Google Analytics* (y si no lo hace, no se le ocurra hablar conmigo), recibirá un crédito de $150 de Google. Por lo tanto, la etapa semilla de su startup le costará entre $100 y $200 durante un periodo de tres a seis meses.

¿Qué necesito saber para emprender una Startup?

Usted hará dos cosas a la vez: desarrollar su producto y establecer su modelo de negocios.

Deberá entender las cuestiones legales que constituyen su negocio y el proceso de incorporación, el cual incluye como dividir las acciones de la compañía. Si usted quiere capital de los inversores, su equipo de fundadores deberá saber qué es lo que quieren los inversores y cómo trabajan. Usted tiene que saber cuántas acciones de su compañía y qué porcentaje de esta recibe y también como la dilución le afectará en el futuro. Es también muy importante que entienda cómo las acciones preferentes le darán la mayoría de dinero a los inversores.

¿Qué hay de la Incorporación, los Abogados y la Financiación?

- Para recibir $2m de un inversor, usted necesita una cuenta bancaria para empresas para guardar el dinero.

- Para obtener una cuenta bancaria para empresas, necesita un número de identificación del empleador, *EIN (Employer Identification Number)*.

- Para obtener un número EIN, usted tiene que incorporar su compañía.

Usted hace todo esto al final de la fase inicial de su startup. Primero, usted forma un equipo y averigua si tiene un producto prometedor. Una vez hecho esto, empieza el proceso para obtener financiación. Una vez que reciba dinero de los inversores, incorpora su compañía, abre la cuenta bancaria para empresas y deposita el cheque.

Muchas startups se incorporan al principio, ya sea cuando están desarrollando el producto o quizá antes. Hacer esto es un error. En primer lugar, hacer esto lleva tiempo y lo último que usted quiere es perder el tiempo. En segundo lugar, el coste de incorporación es alrededor de $2.000 (y si no sabe lo que hace, los abogados pueden cobrarle entre $20.000 y $30.000). Finalmente, si descubre que su idea no va a funcionar, usted habrá perdido tiempo y dinero. Es mejor esperar a conseguir un inversor y así utilizar el dinero para incorporar su compañía.

Lo Que Usted necesitará

Solo necesitará algunas cosas:

- Confianza: Crea en usted mismo a la hora de hacer todo lo posible para que funcione. Ignore a los pesimistas.

- Dedicación: Usted deberá trabajar muy duro durante uno o dos años.

- Perseverancia: Casi todos los fundadores que entrevisté tienen algo en común: ellos no aceptan un no por respuesta. Ellos insisten una y otra vez para que las cosas sucedan. Usted se topará con muchas puertas cerradas; simplemente empuje más fuerte hasta que estas se abran. Y si las puertas no se abren, rompa una ventana y entre por ahí.

Usted no necesita mucho más que esto. Bueno, quizá un ordenador :-)

➔ Me di cuenta de que casi todos los fundadores eran muy felices. Trabajan de 12 a 14 horas diarias, seis días a la semana, pero les encanta porque están haciendo lo que realmente quieren y nadie les dice lo que tienen que hacer. Cuando usted esté haciendo esto, no lo considerará ni un trabajo, ni para nada aburrido.

➔ Usted también necesita valor. Necesita valor para dejar lo que ha estado haciendo hasta ahora y empezar algo nuevo que nunca había hecho antes y que no sabe si funcionará.

¿Por que simplemente no busca un trabajo?

¿No debería buscar trabajo en una gran compañía? ¿No es más seguro?

Trabajar para una compañía tiene sus desventajas. Las compañías buscan trabajadores que sigan las reglas. Esto significa que su aprendizaje será limitado. No hay seguridad en el empleo porque las compañías despiden al personal para mejorar sus resultados trimestrales (y cuando esto pasa, los ejecutivos reciben un plus y esta es la razón por la que despiden a los empleados).

¿Pero no se supone que a largo plazo las compañías pagan mejor? Para conservar su trabajo, usted tiene que producir aproximadamente 4 veces más que su salario. Si su salario es de $100.000 por año, entonces usted tiene que generar $400.000 para la compañía. ¿Si usted ganara $400.000, le daría $300.000 a otra persona? Si usted cree que esa es una buena idea, envíeme su dinero a mí.

¿Cómo consigo un trabajo en una startup en la fase inicial?

Como observará en este libro, las startups en la etapa semilla no contratan personal. Estas están compuestas de un pequeño grupo de fundadores, asesores e inversores. Si el equipo de fundadores consigue algo de dinero, es para cubrir sus gastos.

Mucha personas son contratadas en Facebook y Twitter, pero estas no son startups en la etapa semilla.

Usted tampoco recibirá formación en compañías que se encuentran en la etapa semilla. Tendrá una gran responsabilidad pero nadie le ayudará. Una vez, un becario se incorporó al trabajo a las 9 a.m. A las 10 a.m., me lo llevé a una reunión con un cliente importante. Antes de que entráramos, le dije que si mencionaba que era un becario lo enviarían por café, así que lo presenté como director. Conseguimos el proyecto, así que a la 1 p.m. se lo entregué. "¿Qué hago?" "Tengo que ir a otra reunión. Averígualo"

Pero quizá se esté preguntando, ¿No consigue la gente empleos en las startups con grandes salarios y montones de acciones y cuando esta hace una oferta pública inicial (*IPO*), se hacen ricos, como en las películas?

Si, esto pasa... pero... 19 de cada 20 startups fracasan. Usted estará agotado, sus acciones no valdrán nada, la mayor parte de su salario servirá para pagar el alojamiento y la comida que son carísimos en Silicon Valley y nunca podrá ver a su perro.

En vez de buscar un trabajo, emprenda una nueva compañía. Por lo menos su perro lo admirará.

Si aún quiere trabajar para una startup en el estado de crecimiento o en el de expansión vaya a *angel.co*.

➜ Si usted quiere emprender su propia compañía, pero no cuenta con los contactos necesarios o no sabe qué hacer, puede incorporarse a una startup y aprender. Un año en una startup es como siete años en cualquier otro lugar.

El Iceberg de Silicon Valley

Usted solo ve la punta del iceberg. El 92% de este se encuentra debajo del agua.

Igual que en los icebergs, usted no podrá ver la mayor parte del valle. La gente asiste a conferencias, eventos de hackeo y de venta pero no ven ni los contactos, ni las relaciones, ni la experiencia.

Muchas de estas reuniones tienen lugar en los jardines de Palo Alto y a menudo son por la noche y los fines de semana. Silicon Valley es sinónimo de profundos contactos personales entre expertos.

Algunas de las cosas que sorprenden a los que visitan SV (aparte del cielo permanentemente azul y de la deliciosa comida :-) son el carácter abierto de la gente y la cooperación. Generalmente en otras partes del mundo, los empresarios son reservados y generalmente poco serviciales. Por la razón que sea, la gente en SV comparte las ideas, la información y los recursos.

Haz Crecer Tu Red de Contactos

Usted no obtiene contactos, usted los crea. Hable con la gente y muéstrele lo que hace. Ellos mismos te presentaran a más personas. Como:

- Asesores que han fundado varias startups y que cuentan con diez años de experiencia.

- Directores de escuelas de negocios y profesores que han enseñado a muchos estudiantes que han creado nuevas compañías. También son consultores para compañías y conocen a inversores.

- Directores de incubadoras y aceleradoras que trabajan conjuntamente con emprendedores e inversores.

- Directores de grupos de inversores que conocen a otros inversores.

- Empresas de inversores de capital de riesgo que incluyen a socios generales, asociados senior, asociados junior, analistas y becarios. Muchos de estos acuden habitualmente a eventos en Silicon Valley y están siempre a la búsqueda de nuevas startups.

Si usted tiene poco más de 20 años, tiene unos treinta años de carrera profesional por delante. Al crear una startup tras otra, desarrollará una gran red de contactos que le ayudarán en su carrera profesional.

Si usted demuestra que puede emprender un negocio viable, los inversores irán a buscarle. Cuando Mark Zuckerberg vino a Palo Alto no tuvo que ir a buscar a los inversores sino que estos hacían cola para reunirse con él.

➜ Uno de los fundadores mencionó que el mejor consejo que se le podía dar a los nuevos emprendedores era que consiguieran asesores experimentados y con muchos contactos. Consiga que sus asesores se involucren en su proyecto y tendrá acceso a su red de contactos. Su compañía tiene 30 asesores lo que le permitió conseguir fondos exclusivamente a través de esos contactos personales en vez de acudir a inversores de capital de riesgo.

➜ Varios fundadores comentaron que todo tenía que ver con los contactos. Si cuenta con los contactos adecuados, la gente querrá conocerle y hablar con usted. Pero si no establece estos contactos, es muy difícil introducirse.

El profesor Alex Pentland de la Universidad MIT hizo un seguimiento de millones de transacciones en la plataforma eToro, un proveedor de servicios de negociación en línea para agentes de bolsa que también dispone de una red social donde los operadores pueden compartir estrategias e ideas. Comprobó que los operadores o estaban aislados o estaban muy bien conectados con otros operadores. Estos últimos ganaban un 30% más que los que se estaban aislados.

Reid Hoffman, fundador de la red de profesionales *LinkedIn*, habló en un evento de *Y-Combinator*. Vendió *LinkedIn* a Microsoft por 26 mil millones de dólares y desde el 2010 es un inversor de riego. Sam Altman le preguntó que cuántas propuestas de nuevos emprendedores recibía cada año. Hoffman contestó que alrededor de 6.000. ¿Y cuántas de esas propuestas lee? Ninguna. Las borro. ¿No lee ninguna? No, las borro todas ¿Pero no se perderá algunas buenas ideas? No, porque si esa persona no tiene los contactos necesarios para dársela a alguien que me conozca, entonces no tiene contactos para encontrar cofundadores. No tiene contactos para contratar personal y tampoco tiene contactos para hablar con inversores ni para encontrar clientes. Entonces, si el emprendedor no puede enviarme su propuesta a través de sus contactos, es muy probable que fracase.

El código de vestimenta en SV

¿Cómo hay que vestirse en Silicon Valley? Hay ciertas normas como en cualquier otra parte. No muchas, pero hay algunas.

Casi todos parecen estudiantes de posgrado de la universidad de Berkeley. Polo o camiseta, vaqueros y zapatillas de deporte. En verano, pantalones cortos y chanclas.

En Nueva York se visten con corbatas y trajes. No te pongas corbata en Silicon Valley porque darás a entender que estás perdido.

Este asunto de la camiseta y los vaqueros puede ser un problema. Si está en Nueva York y un tipo descalzo, con barba y con una camiseta vieja y vaqueros rotos se dirige a usted, llama a la policía.

Pero en Palo Alto, solía ver a Steve Jobs en un café cercano e iba descalzo, con camiseta y con unos vaqueros viejos. A la gente de SV solo le importan los conocimientos técnicos.

Tu Presencia Digital

Ok, camiseta y vaqueros. ¿Qué más necesita?

Necesita tener presencia en Internet para que la gente, los inversores y los clientes lo puedan encontrar. Esto implica:

- Su sitio web personal: este puede ser de solo una página, utilizando *Wordpress* o cualquier otra plataforma profesional.

- Una foto profesional: en serio, hágase una foto profesional. No utilice una foto de cámara instantánea. Si tiene que ir al fotógrafo de niños del centro comercial y pagar $25 por la oferta especial con las orejas de conejo, hágalo. Pero tiene que ser profesional.

- Tenga presencia en Crunchbase, Angle.co, LinkedIn, y Twitter.

- Teléfono y correo electrónico: consiga un número de teléfono de EE.UU. y una dirección de email para su startup (o utilice *Gmail*).

➜ Un fundador añadió: Para conseguir un número de EE.UU., compre una tarjeta SIM en la tienda T-Mobile con una tarifa de $3 al mes (y prepago durante un año). Cuando se encuentre en EE.UU., utilice su tarjeta SIM y vaya a T-Mobile y pague $40 por un mes de teléfono + datos de Internet.

En su sitio web y en su perfil en redes sociales muestre las credenciales, experiencia y conocimientos pertinentes. La palabra clave es "pertinente". Por ejemplo, si usted tiene un título universitario en informática por la Universidad de Ginebra y su equipo ha ganado dos hackatones, no hable sobre su certificado en entrenamiento de mascotas.

También necesita tarjetas de visita. Es algo raro pero todavía están de moda.

Usted (y su equipo de cofundadores) realmente necesitan tener una presencia digital para que cuando los inversores y los clientes los busquen, aparezcan con facilidad. Si no tienen este tipo de presencia digital, no es bueno para ustedes.

También debe asegurarse de que su perfil en redes sociales le favorezca. Los inversores y asesores y los clientes importantes consultarán su perfil. Revise lo que haya publicado en Facebook, Twitter y en otras redes y elimine lo que no debería estar en ellas.

Si usted tiene un nombre muy común y no se le puede encontrar en Google, utilice Google *Adwords*. Añada su nombre como una palabra clave con comillas y entre paréntesis ("john smith" y [john smith]) y cree su anuncio. Fije la base en $0.25 con un presupuesto diario de un dólar.

Su Semana Laboral en su Startup

Si una semana laboral es normalmente de 40 horas, entonces una semana de 60 horas es porcentualmente un 150%. Uno de los fundadores entrevistados había estado trabajando un 340% durante cinco meses.

Pero no tenga tanto en cuenta las horas. Usted trabajará eficientemente y por tanto hara más en una semana de lo que los empleados hacen en dos meses.

En SV le llamamos a esto años de perro. Es algo de los americanos. Se dice que un año de vida de un perro es como siete años de vida de un ser humano. Un perro de dos años es como un adolescente de 14. Usted hará más en un año en su startup que en siete años en cualquier otro lado.

Aunque muchos fundadores trabajan todos los días durante 3 o 6 meses, mi recomendación es que se relaje los domingos. Si usted está agotado, no podrá trabajar eficientemente.

➔ ¿Es un trabajo duro? No, casi todos los fundadores coinciden en que disfrutan con lo que hacen porque es realmente lo que quieren hacer. En realidad es más duro trabajar 40 horas a la semana para otra empresa porque eso sí es aburrido.

¿Por qué emprender?

Mientras no consiga financiación, es libre de hacer lo que quiera. La regla número uno en Silicon Valley es "¡No hay Reglas en Silicon Valley!"

➔ Una de las fundadoras dijo que le encantaba la creatividad ilimitada a la hora de crear startups. Muchos otros mencionaron que hacerlo por dinero o para crear compañías no eran las razones adecuadas. Usted debería hacerlo porque le encante crear.

➔ Algunos de los fundadores me dijeron que habían aprendido mucho sobre ellos mismos. Con el tiempo, se habían dado cuenta de que lo que realmente querían era una compañía estable propia. No querían una gran compañía con cientos de empleados que acabara convirtiéndose en una rutina. Lo grande nos atrae, pero lo que normalmente buscan los emprendedores es evolucionar sobre el terreno.

Impacto Personal

Finalmente, algunas notas de cómo su startup afectará su vida. Trabajar sin parar es agotador. Le dolerá el cuerpo de estar sentado mucho tiempo. Eso de los clubes nocturnos solo pasa en las películas. Los sábados por la noche a las tres de la mañana estará delante de su ordenador trabajando.

Las startups son también malas para las relaciones de pareja. Una startup es mucho más intensa que una relación. Es una buena forma de divorciarse. Su pareja deberá aceptar que va a desaparecer durante un año o dos.

Tome descansos. Visite los bosques de secuoyas, las playas de Santa Cruz, el Big Sur, el Parque Nacional Pinnacles, Yosemite, el Gran Cañón, Horseshoe Bend, el Cañón del Antílope y el Parque Nacional Zion. Vaya donde no haya impedimentos.

Cuando digo "sin impedimentos", me refiero a sin nada que le impida recibir llamadas en su móvil.

No se lleve el ordenador. Nuestro equipo fue una vez a Hawaii y algunos de los desarrolladores se quedaron en la habitación del hotel escribiendo código.

Usted puede ir a Maui (o a Santa Cruz) y tumbarse en la playa a mirar las olas y los pájaros hasta que empiece a pensar cuánto dinero está perdiendo ahí tumbado en la playa.

Recuerde la parte positiva: usted está haciendo algo que nadie antes ha hecho y que todos van a usar.

➜ Los nuevos fundadores mencionaron la falta de experiencia y la incertidumbre. Todo es nuevo, todo se tiene que planear y todo se tiene que hacer a la vez. Hay mucha frustración por el tiempo perdido. También asusta pensar que todo pueda fallar y que se pueda desperdiciar todo un año para nada.

Visión a Largo Plazo

Bueno, ahora algunas malas noticias. Si esta es su primera startup, es probable que fracase. Hay demasiadas cosas que aprender, demasiadas cosas que hacer a la vez y demasiados errores que acabarán por agobiarle y agotarle.

Algunos de ustedes terminarán intentando simplemente sobrevivir. Hay muchos gastos, poco dinero y todo el mundo dudará de lo que hace. Incluso usted empezará a dudar de mismo. Mark Zuckerberg llegó a pensar que Facebook no valía la pena.

Crear una startup es como resolver un rompecabezas muy complicado donde usted sospecha que las instrucciones son de otro rompecabezas, que algunas piezas faltan y que no tiene a nadie a quien preguntar. Cuando cambia algo, otras cosas cambian sin que se de cuenta.

Si no funciona, hable con sus asesores y retírese a tiempo. No pierda el tiempo en una idea con pocas probabilidades de éxito. Es bueno fracasar rápido porque así podrá empezar antes el siguiente proyecto.

Lo bueno del fracaso es que va a aprender a crear y dirigir un equipo y a establecer relaciones con los asesores, inversores, clientes y vendedores. Si fracasa pero hace un buen trabajo, su equipo le seguirá en su siguiente proyecto. Casi todas las personas a las que entrevisté coincidieron en que su segunda y tercera startup fueron mejores.

Es igual que cuando te caes de un caballo, te vuelves a levantar, te sacudes el polvo y te montas de nuevo.

Y sí, yo me he caído varias veces de caballos al galope.

¿Cuál es el Futuro de las Startups?

Como he mencionado antes, SV ha creado ahora un mercado mundial para Internet, la web y la tecnología. Ya no es solamente el mercado de los EE.UU. o el mercado alemán. Usted puede vender en todo el mundo.

→ Uno de los entrevistados señaló que ahora hay muchas nuevas tecnologías como *IoT*, Inteligencia Artificial, aprendizaje automático, impresoras 3D, biotecnología, blockchain, etc. Estas tecnologías crearán nuevas plataformas que requerirán de docenas de nuevas compañías, además de muchísimas más para dar servicio a estas últimas. Por ejemplo, el concepto de redes sociales creó un ecosistema de compañías de redes sociales con cientos de herramientas y miles de agencias. Debe haber miles de nuevas startups pero las que hay hoy son solo un 1% de las que habrá.

¿Esto es realmente posible? Cuando yo creé mi página web, había solamente varios miles de personas (es por eso que tengo andreas.com). No teníamos ni idea de que esta cifra aumentaría hasta alcanzar los dos mil millones de personas. Las redes se duplicarán en los próximos diez años.

Más sobre Palo Alto

Hay muchas más cosas que decir sobre Palo Alto: dónde ir, comer, comprar, etc. Visite andreas.com/book-startup.html

Resumen: La Historia de un Fundador

→ Una emprendedora de España viene a Palo Alto a hacer un curso de verano para emprendedores en la Universidad de Stanford. Conoce a sus profesores y a sus compañeros. También hace amistad con la persona encargada de su residencia que se había graduado en informática. Este le presenta a otros estudiantes de la universidad, entre los que se encuentran estudiantes de ingeniería mecánica y de informática. Un estudiantes chino es ingeniero mecánico en Brown. Un amigo mío de Londres que tenía una startup hace unos años de la que yo era su asesor le dice que se ponga en contacto conmigo. Entonces le presento a otro fundador de Alemania que había conocido en una conferencia en Dinamarca. El fundador alemán le presenta a su abogado en San Francisco. Yo le presento a un antiguo inversor de capital de riesgo que se convierte en su asesor financiero. Casi todos los días después de clase, ella asiste a eventos y conferencias y va conociendo a más gente. Todos juntos vamos a comer a un restaurante de comida china llamado Sichuan y un estudiante de Tailandia que estudia medicina en Stanford se viene con nosotros. El novio de la chica que es estudiante de ingeniería mecánica en la Universidad de California en Berkeley se interesa por las startups, decide venir a Palo Alto a hablar conmigo y se involucra en el proyecto de su novia. Ella tiene que entregar un plan de negocios que escribimos en dos horas. Su profesor de Stanford la pone en contacto con una compañía multinacional que está interesada en comprar su compañía. Tras acabar el curso de verano en Stanford, se queda diez días en nuestra casa y continúa conociendo gente en Silicon Valley. Empieza el proceso para incorporar su compañía con el abogado de San Francisco. A principios de septiembre, su valoración es de $1m. A finales de octubre es de $4m. Vuelve a España. En diciembre, regresa a Palo Alto para presentar su compañía en San Francisco y se queda en nuestra casa otras dos semanas para poder conocer a más profesores de Stanford, CEOs, VCs, inversores, abogados, fundadores y estudiantes. Regresa en marzo para presentar su prototipo en una conferencia de compañías globales de seguros.

¿Es ella especial? No. Estoy trabajando con otra startup que funda una chica de 18 años. Ha levantado $15m y tiene una valoración de $150m en este momento.

2: Su Equipo de Fundadores

Bueno, el último capítulo era la parte divertida (espere, ¿estar 120 horas a la semana sentado en una silla es divertido?)

Hablemos de lo más importante en su startup: su equipo de fundadores. Este es el núcleo de la startup de entre dos a cuatro personas que desarrolla la etapa inicial del proyecto.

Sus cofundadores deberán estar al tanto de todo: estrategias, tecnología, operaciones, fondos, financiación y asuntos legales entre otros. Alguno de los fundadores puede que se ocupe de un área concreta, pero todos deberán ayudar a dirigir la startup. El equipo debe reunirse para debatir las cuestiones relativas a la startup y tomar decisiones por consenso.

Si usted es el Fundador Principal

Usted establece el equipo, busca personal, los entrevista y los contrata o rechaza su solicitud.

Usted también es el que los mantiene motivados. Tendrá que lidiar con los posibles contratiempos y el pesimismo dentro de su equipo.

Su trabajo es inspirar y dirigir. Decida si los problemas son importantes o no. Delegue responsabilidades tanto como sea posible. En general, evite los enfrentamientos y ayude a calmar los ánimos en caso necesario.

Pida a su equipo que le dé sugerencias, opiniones y consejos, pero sea siempre el líder. Usted los guía y ellos le seguirán. Esto significa que usted toma las decisiones, tanto buenas como no tan buenas.

➜ Los fundadores dicen que deberá evangelizar su compañía. Esto quiere decir que usted promocionará su startup asistiendo a reuniones para recaudar fondos, a eventos de venta o promoción y poniéndose en contacto con cualquiera que pueda ayudar a la startup.

➔ Varios fundadores me dijeron que ellos eran los que tenían que dirigir las juntas, si no, ni los cofundadores ni el resto de personas de su equipo lo hacía. Anime a su equipo a empezar sin usted. Esa el la diferencia entre el Real Madrid, el número uno del fútbol mundial, y un equipo local; en el Real Madrid, los jugadores empiezan a entrenar aunque el entrenador aún no haya llegado.

➔ Los fundadores están involucrados en cada aspecto de la compañía: estrategia, liderazgo de equipo, mercadotecnia, ventas, relaciones con otras compañías, contratos, etc. Y muchos de ellos todavía se encuentran en la universidad, así que tienen que asistir a clase y hacer exámenes.

Problemas con los Líderes

Los problemas del equipo son normalmente problemas del líder.

Si el líder normalmente llega tarde, se va con frecuencia de vacaciones o es un cretino, los demás empezarán a llegar tarde, a tomarse días libres, a jugar a videojuegos o a poner dificultades. Si él empieza a faltar a las reuniones periódicas, todos creerán que no son importantes. Si el equipo discute constantemente, o el líder no está dirigiendo bien o ha contratado a personas que son problemáticas.

Algunas startups tienen problemas con el sexismo. Los hombres empiezan a actuar como estúpidos brogrammers y a acosar a las mujeres. El líder tiene que parar esto y recuperar el control antes de que la gente empiece a marcharse de la compañía.

➔ Hay diferentes tipos de problemas en relación con los CEOs. Un CEO testarudo puede que escuche a los expertos y asesores, pero volverá a su idea original y rechazará cambiarla. Otro tipo de CEO que presenta dificultades es el que no se centra en su labor y salta de una idea a otra sin poner en práctica ninguna. Algunos CEOs insisten en la perfección e impiden que el producto salga al mercado porque piensan que siempre puede mejorarse.

El líder deberá guiar dando ejemplo y siendo él el primero en llegar y el último en irse. Si el personal trabaja a distancia, el líder deberá estar en contacto con todos y ser el que organice y lidere las reuniones por videoconferencia. El líder deberá estar en todas las juntas.

Cofundadores

Usted deberá tener dos o tres cofundadores.

No debería crear una startup solo porque hay demasiadas cosas para hacer.

Al menos uno de sus cofundadores debería tener conocimientos técnicos. Si en su equipo no hay nadie que tenga los conocimientos técnicos pertinentes, su equipo no entenderá realmente el sector en el que se encuentra. Será muy caro tener que pagar por desarrollo técnico. Un Máster en Administración de Empresas o MBA, por sus siglas en inglés, no es una habilidad técnica. Las personas con estos másteres han aprendido a gestionar compañías, no a crearlas. De entre las 50 compañías más grandes, según la revista *Forbes*, solamente en cinco de ellas los CEOs tienen MBAs. El resto son techies.

Otros fundadores, inversores y clientes mirarán a su equipo. Si usted tiene un buen equipo, ellos se le unirán. Escoja a sus cofundadores basándose en sus credenciales, experiencia y conocimientos. No incorpore a nadie porque fuera un amigo en la universidad.

Antes de pedirle a alguien que sea su cofundador, pase unos meses con él. Pídale que haga algún trabajo sin remunerar. Observe si lo hace por pasión. Si solo le importa el dinero, usted no lo querrá como uno de sus cofundadores.

Si esta persona es un estudiante becado de posgrado o trabaja en una compañía, usted tendrá que ver sus contratos y acuerdos. Muchas universidades y casi todas las compañías establecen en sus contratos que son dueñas de todos los derechos de propiedad intelectual de lo que la persona cree. Usted tendrá entonces que obtener un documento que libere a la persona de estos contratos o acuerdos.

Esto también significa que si uno de sus cofundadores tiene un trabajo de día, no puede utilizar ni el ordenador de la oficina ni el portátil de la empresa en su casa. Tampoco puede trabajar en tu startup durante las horas de trabajo. Si la compañía le paga el teléfono móvil, tampoco puede utilizarlo. Cualquier trabajo que se realice en un dispositivo de la compañía pertenece a la compañía.

➔ Uno de los fundadores me contó que no tenía cofundadores. Sin embargo, era su quinta startup y tenía un buen equipo ejecutivo y seis asesores, por lo que a sus inversores no les importó que estuviera emprendiendo solo. Si es su primera startup, puede que los inversores quieran que tenga cofundadores con quien poder compartir el trabajo.

➡ Otra forma de conocer a sus posibles cofundadores es hacer pequeños proyectos con ellos, como crear un sitio web para alguien o escribir código. De esta manera verá cómo trabajan, colaboran y comparten información.

Cómo Encontrar Cofundadores.

Usted puede ir a la página web *angel.co* para encontrar gente que quiera trabajar en una compañía, pero eso es un poco al azar.

La mejor manera de encontrar cofundadores es a través de su red personal de contactos. Hable con todos ellos: sus asesores, sus profesores, sus compañeros de clase, etc.

Problemas con los Cofundadores

Los cofundadores son como los gatos. Son muy listos y hacen solo lo que quieren y cuando quieren.

Asegúrese de que su cofundador esté completamente decidido antes de incorporarlo a su equipo porque si empieza a trabajar y lo deja unos meses después, el equipo se desmoralizará, usted habrá perdido el tiempo y los inversores se preguntarán por qué se ha ido.

También debe tener cuidado si un cofundador trae a muchos de sus amigos. Estos siempre estarán de su parte y si se va, se irán con él.

También deberá tener un plan para hacer frente a los problemas con los cofundadores. Al principio todos somos amigos, pero a veces, pueden surgir profundas diferencias si usted y su equipo no se ponen de acuerdo. Deberá contar con una tercera persona neutral acordada por todos, como un asesor o un profesor, que medie en estas situaciones.

➡ Una de las principales razones del fracaso de las startups es la incapacidad de ponerse de acuerdo. Una fundadora mencionó que creó su primera compañía con un cofundador y que inmediatamente repartieron la compañía entre ellos a partes iguales sin ningún plan de reparto accionarial. La compañía empezó a generar ganancias muy rápido. La cofundadora se dio cuenta de que la mitad del dinero era suyo y transcurridos tres meses dejó de trabajar. La fundadora fue incapaz de convencerla para que volviera al trabajo. Después de nueve meses, la fundadora renunció a su propia compañía. He sabido que esto ha ocurrido en muchas otras compañías.

➜ Un cofundador tiene que estar involucrado al 150%, es decir, trabajar 60 horas semanales. Algunos se incorporan al equipo, pero después de un tiempo se relajan y te dejan solo al frente. Se ven a sí mismos como simples empleados que hacen lo que se les dice y nada más. Algunos fundadores mencionaron que en su primera startup, los cofundadores simplemente dejaron de trabajar al cabo de unos cuantos meses. En algunos casos, los cofundadores no tenían los conocimientos necesarios y se les había presionado para incorporarse al equipo porque eran parientes de los inversores. Era imposible deshacerse de ellos. Una de estas cofundadoras estuvo sin hacer nada durante nueve meses y cuando la compañía despegó, el equipo no le quiso dar su parte. Esta los demandó y el equipo la tuvo que indemnizar para deshacerse de la demanda.

➜ Con el entusiasmo de empezar, nos apresuramos a establecen los equipos y a menudo escogemos a las personas equivocadas. Por ejemplo, algunos empiezan compañías con sus mejores amigos y cuando la compañía fracasa todos dejan de hablarse.

➜ A menudo, la gente tiene dificultades para hablar con sus socios sobre el estrés, la falta de dinero, la falta de tiempo o la escasez de recursos. Un cofundador tiene que saber decir lo que tiene que decir a los otros cofundadores al igual que tiene que ser capaz de escucharlos. Ayuda mucho si se establecen unas prioridades y metas claras y se delimitan bien las áreas de responsabilidad y toma de decisiones. El equipo tiene que aceptar que uno de los cofundadores sea el líder y así aceptará las decisiones finales de este.

➜ El acuerdo entre los cofundadores debería incluir una sección de arbitraje externo y los términos para la separación.

Fundador en Serie o Emprendedor en Serie

Algunos dicen que quieren ser fundadores en serie. Esto es igual que cuando un niño pequeño dice que cuando sea mayor se querrá casar cinco veces. ¿Quizá estudie en la Universidad de Trump?

Lo digo de nuevo, no agregue a nadie que solo busque dinero.

➜ Esto incluye a la gente del área de mercadotecnia y de ventas. He conocido a fundadores que habían hablado con gente de mercadotecnia que les ofrecía sus servicios por el 40% de la compañía. Esa es una demanda ridícula; el que pida eso no sabe lo que hace.

Asesores

Usted también deberá tener asesores.

Busque asesores que hayan creado al menos tres startups como fundadores. También deberían tener diez años de experiencia en su campo y estar diez años por delante de usted.

Pregúnteles por sus experiencias, por cómo fracasaron y qué aprendieron.

Estos pueden ahorrarle mucho tiempo y dinero enseñándole cómo hacerlo a pequeña escala, con poco dinero y más rápido.

Cada decisión importante debería ser revisada por sus asesores. Escuche sus consejos y tome sus propias decisiones.

Los asesores deberían ser neutrales y no deberían tener un conflicto de intereses. Ellos no deberían percibir comisiones por presentarle a un vendedor.

Los asesores pueden presentarle a su red de contactos profesionales para encontrar cofundadores, contratistas, trabajos secundarios, abogados, fondos, ventajas y clientes.

Tenga cuidado con los asesores del ámbito corporativo. Estos le aconsejarán que haga las cosas de manera corporativa. Eso está bien para las corporaciones, pero no para las startups.

En algunos colegios norteamericanas tienen problemas porque los niños mayores les pegan a los pequeños y les roban el dinero del almuerzo. Para resolver este problema, muchos colegios pusieron en marcha un proyecto de hermano/hermana mayor en el que a los niños pequeños se les empareja con niños de más edad. Los niños mayores los protegen de los niños malos del patio y se aseguran de que se relacionen con la gente adecuada.

En cierto modo, sus asesores son sus hermanos o hermanas mayores en su startup. Hay inversores, inversores de capital de riesgo, abogados o reclutadores que actúan como chicos malos, engañándole y cobrándole de más en capital o en acciones. Los asesores le advertirán sobre ellos. Los asesores también le pueden presentar a buenos abogados e inversores que trabajarán con usted cobrándole honorarios justos.

Usted puede tener distintos tipos de asesores:

- Asesor superior: un asesor superior participa activamente en la estrategia global y es también un experto en varios ámbitos. Puede asesorarle sobre los salarios, las inversiones, y la distribución de las acciones, entre otras cosas. Le puede ayudar a contratar más personal y puede que se implique casi como un cofundador.

- Asesor de competencias: es un experto en áreas como operaciones, legal, finanzas, financiación, posicionamiento, ventas y mercadotecnia digital y social, entre otros. Puede que acabe teniendo cinco o seis asesores de competencias.

- Nombres: son personas muy conocidas que incorpora al equipo como asesores porque queda bien pero con las que rara vez habla. Por ejemplo, usted puede tener a Bill Gates o a Mark Zuckerberg como asesores.

Usted le da acciones a sus asesores dependiendo del trabajo que realicen. La cantidad la decide usted. Hablaremos de esto luego en el capítulo de temas legales.

➜ La cantidad de acciones también depende de la etapa en la que se encuentre la compañía. Entre los primeros tres y seis meses, puede haber mucho trabajo por lo que sus asesores deberían obtener más acciones. Después de aproximadamente un año en el que la startup se ha ido consolidando, se incorporan nuevos asesores que no le tienen que dedicar tanto tiempo a esta, por lo que reciben menos acciones.

➜ Sus asesores no deberían ser formales con usted; deberían cuidarle como si fueran sus hermanos o hermanas mayores. Debería comer o cenar con ellos a menudo y debería poder hablar abiertamente de un problema desde cualquier punto de vista.

➜ Algunos fundadores son la cuarta generación de familias que desarrollan una actividad empresarial. Esto les da acceso a una extensa red de contactos con conocimientos empresariales que comparten abiertamente con ellos. Pida asesoramiento a familiares suyos como tíos o tías o a sus parientes políticos.

➜ Otro cofundador me contó que su compañía tenía algunos asesores oficiales y otros quince asesores no oficiales. Salían periódicamente con estos quince asesores a tomar café, comer o cenar. Estos asesores eran directores de otras compañías del mismo sector y colaboraban y compartían información con ellos en relación con la negociación con las compañías del canal de distribución de sus productos. También hablaban de estrategias de salida, como la de fusionar algunas de las empresas para crear una compañía mayor que pudiera obtener una valoración más alta.

➜ Un fundador tiene 30 asesores y accede a una extensa red de contactos para contratar personal, contratistas y obtener financiación. Levantan todo su capital a través de la red de contactos de sus asesores y no tienen que recurrir a los inversores de capital de riesgo.

¡Oh! y no pongas a Mark Zuckerberg en tu consejo asesor sin preguntarle.

Cómo Contratar Personal

El propósito de su plantilla es ayudar a los fundadores con el trabajo.

Pero usted no debería contratar personal en la etapa semilla. Su trabajo es desarrollar el producto y trabajar con sus clientes. Debería hacer esto usted mismo.

Si usted contrata personal está creando problemas. Tiene que formarlos, decirles qué tienen que hacer, supervisarlos para asegurarse de que lo hagan, hablar con ellos si no lo hacen, evaluarlos y despedirlos. Hay también calendarios de vacaciones, bajas por enfermedad, cumpleaños, etc. Usted también les tiene que pagar cada dos semanas, así que necesitará un flujo regular de dinero.

¿Sabe que el agua no hervirá si la está mirando? Con el personal pasa todo lo contrario. Ellos no trabajarán si usted no los mira. Empezarán a perder el tiempo en Internet, a chatear desde el móvil y a escabullirse por la puerta trasera.

Cuando usted tenga de 20 a 30 personas a su cargo, tendrá que contratar personal de recursos humanos. Si, personal para cuidar a su personal.

Como las sillas de la marca Aeron, una plantilla muy grande en la etapa semilla es un signo de mala administración y de falta de enfoque. Los CEOs encargados de la gestión contratan una gran plantilla para aparentar superioridad.

La mayoría de startups en la etapa semilla nunca contratan personal. Solamente tienen fundadores, asesores y algunos contratistas.

→ Un amigo trabajó para una startup creada por un fundador muy conocido en Silicon Valley que levantó $125m y contrató a 300 personas pero que nunca desarrolló un modelo de negocio viable. Todo este circo duró dos años.

Cómo Contratar a los Contratistas

Usted puede contratar a los contratistas por proyectos (Usted paga $X por un proyecto) o por tiempo (usted paga $X por un proyecto que se entregará en dos semanas). Esto le permite controlar los costes.

No pague por horas (por ejemplo, $X por hora). Las startups están constantemente evolucionando y un pequeño proyecto se puede convertir en una tarea en la que haya que invertir cientos de horas lo que podría resultar realmente caro.

Pida sugerencias a sus cofundadores y asesores. No contrate a través de reclutadores o de la página *Craigslist* porque no sabrá si hacen su trabajo, y si no lo hacen, usted habrá perdido tiempo y dinero.

Primero, contrate al contratista para un pequeño proyecto y vea cómo lo hace. Mire cómo hace su trabajo, cómo lo entrega y cómo interactúa con el equipo. Pídale que le explique cómo hizo el trabajo.

Los mejores contratistas de SV solamente trabajan por recomendación y con un número reducido de clientes. Trabajan únicamente con clientes que conocen o con amigos de sus amigos. Tienen diez años o más de experiencia y pueden hacer en unas horas lo que a otros les puede llevar dos o tres semanas.

Becarios

Nada de becarios. Las startups en su etapa inicial no tienen tiempo para formar o dirigir becarios.

Amigos y Familiares

Una startup no está formada solamente por los fundadores. Hay también un gran círculo alrededor de su startup formado por sus amigos, familiares, novias y novios, entre otros. Dentro de este círculo también se encuentran todas las personas que va conociendo: los compañeros de clase, los posibles inversores y clientes y muchos más.

➜ Algunos fundadores utilizan una hoja de cálculo Excel para llevar un registro de sus contactos. En esta se incluyen los nombres, los correos electrónicos, los números de teléfono, la profesión, cómo lo conocieron y a quien conocen ellos, entre otros datos. Estos clasifican sus contactos por colores como, verde, amarillo o rojo (muy bueno, bueno, malo).

Envíeles un boletín informativo todos los meses e infórmeles de todo lo que pasa. Invítelos a fiestas, eventos de lanzamiento, charlas, etc. Así hablarán con otros sobre su proyecto.

Es así como *Twitter* empezó. Los programadores lo usaban para comunicarse internamente, pero sus novias empezaron a utilizarlo para hablar entre ellas de las fiestas y de las discotecas de San Francisco.

Perros, Gatos, Pájaros y un Pulpo.

Otra cosa curiosa de las videoconferencias en Silicon Valley es que aparezcan animales. Yo he visto perros, gatos, hámsteres y hurones. Un chico apareció en sus videoconferencias con un pájaro en el hombro.

Una vez trabajé con una startup que tenía un pulpo. Los pulpos pueden cambian de color y camuflarse. El recepcionista sabía si un visitante era buena persona porque el pulpo nadaba hasta la parte delantera de la pecera, pero si la persona no era de fiar, el pulpo desaparecía. La compañía empezó a utilizar el pulpo a la hora de contratar a sus empleados.

Comunicación Interna

Las startups se desarrollan tan rápidamente que pueden cambiar de dirección varias veces en una semana. Esto significa que todos los miembros del equipo deben estar en contacto permanente.

- Los miembros de una startup en la etapa inicial normalmente se comunican entre ellos varias veces al día.

- Cada semana, envíe un boletín informativo interno al resto del equipo principal. Incluya un resumen de lo que está ocurriendo y de lo que está por venir. Puede enviarlo por correo electrónico o usando la plataforma *Slack*.

Discútalo todo con su equipo: fundadores potenciales, nuevos inversores, clientes, etc. Alguno de ellos quizá conozca a esa persona o compañía.

→ Los fundadores coincidieron en que cuando el equipo es pequeño, todo se hace conjuntamente. Todos saben todo y todo lo que se hace se decide entre todos.

→ Algunos fundadores descubrieron que algunos de sus cofundadores no entendían realmente la idea de la startup. Reúnase en privado con cada uno de ellos y pídales que le expliquen el proyecto. Repita estas reuniones hasta que todos entiendan lo que está haciendo.

Cuando necesite un organigrama, ya no es una startup.

Otra cuestión sobre comunicaciones: se debe asegurar de que todos entiendan lo que se dice. En las universidades se enseña a hablar y escribir un inglés académico que es muy difícil de entender para mucha gente. He asistido a menudo a reuniones donde los directores hacían una presentación y después de esta yo le preguntaba al equipo que no era estadounidense y no sabían realmente de lo que había hablado el director. Es mejor utilizar un inglés llano.

Realice Otras Actividades

Realice actividades que no tengan que ver con su trabajo. Es una buena manera de seguir feliz desarrollando su startup (*startuppyness*). Con varias startups hemos ido a hacer senderismo, piragüismo, rafting en rápidos, a dar paseos a caballo por la playa, a parques de atracciones, hemos jugado al críquet, hemos visto películas y hemos ido a Hawái.

Después de cenar alrededor de una fogata, vea si quieren hablar sobre metas, dirección, problemas e ideas, o no.

Quién no Debería ser un Cofundador

Algunas personas no deberían estar en su startup:

- Estudiantes: siempre están ocupados con clases y exámenes. Cuando se gradúen, buscarán trabajo. Sus padres los presionarán para que encuentren un trabajo.

- Exejecutivos, antiguos funcionarios del gobierno y exmilitares: No contrate a nadie que haya trabajado más de tres años en grandes organizaciones. Son gente fantástica pero no para startups. Están acostumbrados a trabajar en ambientes bien estructurados, pero no en una startup que está en continuo caos. Se incorporarán al equipo y lo querrán organizar. Lo que usted necesita no es organización sino desarrollar el producto con sus clientes.

- MBAs: intentarán aplicar métodos de gestión para grandes compañías. Usted no necesita eso.

- Cónyuges, hermanos, buenos amigos: es muy difícil dirigirlos o despedirlos. Todos los demás se sentirán excluidos. A veces funciona, pero en general no.

Busque gente con experiencia en startups.

Problemas de Visado y Extranjeros

Si usted no es ciudadano de EE.UU puede obtener un visado B1/B2 para tres o seis meses. Esto depende de donde se encuentre, así que compruébelo en la embajada de EE.UU. de su país.

Como Conseguir Dinero cuando está Desarrollando una Startup

Mientras desarrolla su startup todavía tiene que seguir pagando el alquiler y comprando pizza. Hay varias maneras de hacerlo.

Dígale a sus asesores y profesores que algunas personas de su equipo necesitan dinero. Estos a veces pueden ponerle en contacto con compañías que necesiten contratistas para proyectos pequeños.

Ocurre a menudo que usted puede que tenga un trabajo que no sea muy exigente. Si su trabajo es de media jornada (tres días o mañanas a la semana), tendrá tiempo para trabajar en su startup. Tenga cuidado si trabaja en su startup durante el trabajo; la compañía puede que obtenga los derechos de su startup.

➜ Varios fundadores me contaron que crearon sus startups durante su horario laboral. Esto es más común de lo que la gente se imagina. Conozco a gente que ha realizado proyectos enteros mientras estaban en el trabajo. Puede que algunos de sus compañeros de trabajo y quizá el director sepan lo que está haciendo. En una compañía grande, prácticamente todos los del equipo de ingeniería estaban creando startups. Los directores lo sabían, pero esa era la única manera de mantenerlos en el equipo.

Diligencias Debidas

Usted debería hacer las diligencias debidas (DD) con cada persona que sea importante para su startup. Hacer las "diligencias debidas" significa que debe averiguar quienes son en realidad. Los fraudes de currículums se han generalizado porque mucha gente está desesperada por conseguir un trabajo. Usted necesita revisar los fundadores, los asesores y los contratistas, entre otros.

Si alguien le dice que se graduó en informática por el MIT, usted tiene que asegurarse de que realmente fue al MIT, de que estudió informática y de que se graduó.

Hay más sobre DD en el capítulo de financiación.

Despedir Gente

Una startup no se puede permitir tener personas en el equipo que no contribuyan.

- Despida a las personas negativas que critican el proyecto, al líder y al equipo. Esto es perjudicial y desmoraliza al equipo.

- Despida a las personas que no sean necesarias. Estas incrementan los costes y el tiempo. Usted tiene que mantener los costes lo más bajo posible.

- Despida a las personas que den el 100%. Usted necesita personas que vayan mucho más allá.

- Despida a los vagos. Estos pueden ir a trabajar con sus competidores.

Un error común es esperar que mejoren. Cuando ellos se dan cuenta de que pueden actuar de esa manera y no pasa nada, la situación empeora. Usted tiene que deshacerse de ellos inmediatamente.

➜ Casi todos los fundadores coincidieron en que es difícil despedir gente. Es fácil despedir holgazanes, pero es muy difícil despedir a personas buenas cuando te estás quedando sin dinero. Cuando alguien es despedido, esto afecta a todo el equipo. Otros tienen que encargarse de hacer su trabajo. El resto de miembros del equipo se preguntarán si serán los siguientes en ser despedidos y algunos empezarán a buscar trabajo en otras startups.

En Resumen: Es el Equipo

Es el equipo lo que cuenta. Un equipo pésimo con una buena idea fracasará. Un equipo excelente triunfará con cualquier idea.

➜ Un inversor de capital de riesgo dijo que los inversores buscan cinco cosas que se pueden contar con los dedos de la mano: el equipo, el equipo, el equipo, el equipo y la idea.

Por cierto, esto responde una pregunta frecuente sobre las ideas. Muchos dicen que si uno habla abiertamente de su idea, alguien se la robará. Pero para que alguien pueda llegar a hacer algo con esta idea, tendrá que creer firmemente en ella y formar un equipo para desarrollarla y esto es muy difícil de hacer. Las ideas son baratas. Lo que importa es el equipo.

3: Construyendo su Compañía

Bueno, ahora que ya hemos visto cómo formar su equipo, veamos cómo crear la estructura de su startup.

Pero no se vuelva loco con esto. Enfóquese en su equipo y su producto no en la compañía en sí.

¿Trabajar desde Casa o Trabajar desde el Trabajo?

En los últimos años, crear una startup en casa ha pasado a ser algo habitual. No hay por qué estar pagando un alquiler por una oficina. Dado que una startup la crean un grupo de buenos amigos cercanos, se puede hacer el trabajo desde casa.

Esto también reduce los gastos mensuales. Durante varios años, Google estuvo en un garaje. Facebook estaba en una casa a unas manzanas de mi propia casa. La mayoría de las startups que he entrevistado están en casas o en apartamentos.

Si usted trabaja desde casa, entonces su startup será digital, lo cual implica tener un sitio web, un correo electrónico y herramientas digitales como *Google Suite*. Su equipo podrá estar en cualquier parte del mundo y todos ustedes podrán trabajar juntos en línea.

Usted debería tener presencia en Palo Alto. Los inversores y los clientes lo tomarían más en serio si está en Silicon Valley. Su equipo de desarrollo puede estar en Finlandia y el equipo de fundadores puede venir a SV cada cierto tiempo.

Usted puede obtener un domicilio comercial en Palo Alto. Hable con *Playce.io*.

Aceleradoras, Incubadoras y Espacios de Coworking

¿Cuál es la diferencia entre aceleradoras, incubadoras y espacios de coworking?

- Aceleradoras: le ayudan a convertir su idea en un negocio viable en dos o tres meses. Las aceleradoras adquieren acciones (obtienen una parte de su compañía) (aproximadamente el 5-7%) y le dan dinero. Al final del programa de aceleración, hay un evento de presentación de su compañía.

- Incubadoras: le ayudan a desarrollar su startup en uno o dos años. Generalmente no le dan dinero. Le cobran cuotas, por ejemplo $1.000 por fundador al mes. Algunas puede que adquieran acciones de su compañía.

- Espacios de coworking: le ofrecen un espacio donde trabajar con mesas, sillas, WI-FI, impresoras, fotocopiadoras y salas de reuniones. A menudo disponen de café, aperitivos, máquinas de pinball, mesas de billar y duchas. Yo conocía una en Palo Alto que tenía cerveza de barril gratis (en serio). Usted paga de $100 a $500 por cada plaza al mes.

Los tres tienen infraestructuras de oficina, como recepcionistas, salas de conferencias, pizarras, salas de reuniones, fotocopiadoras, impresoras, café y zona de cocina.

Todos ellos tienen mentores y asesores con muchos contactos. También cuentan con foros de conversación privados para la gente que ha pasado por el programa.

Al final del programa es el día de la demo (demostración), donde usted presenta su compañía a un público formado en su mayor parte por inversores. Muchos VCs envían cazatalentos para buscar startups. Esta es su gran oportunidad para obtener financiación.

Estas son algunas de las aceleradoras: Y-Combinator, Founders Space, IgniteXL, RocketSpace (San Francisco), TechStars, AngelPad (San Francisco), The Alchemist (Santa Clara), Impact Hub, Plug and Play y Galvanize.

- *Y-Combinator* (YC) realiza dos sesiones de tres meses cada una (ene-feb-mar y jun-jul-ag). Cada sesión es de un día a la semana durante tres meses en Mountain View en Silicon Valley. Más de 13.000 emprendedores solicitan estas sesiones pero solamente 240 (1.8%) son aceptados (es más fácil que le acepten en la Universidad de Stanford). Invierten 120 mil dólares en su compañía a cambio del 7% y le cobran una cuota de 25 mil dólares. Están enfocados en startups en relación con las webs y los móviles pero también aceptan otros tipos. 1.300 startups ya han pasado por su programa. En el Día de la Demo, hay 600 inversores entre el público y otros 2.500 en línea. Para saber más sobre YC, visite goo.gl/n6juKf

- *Founders Space* (FS) realiza una sesión intensiva de dos semanas de duración (9am-5pm, de lunes a viernes) en San Francisco que termina con un día de demostración. Usted tiene acceso a sus asesores, mentores y otros fundadores durante un año a través de su grupo de alumnos graduados en FB. Se quedan con el 3.5% de las acciones e invierten en algunas startups. Las startups pagan por asistir. Si se paga más, FS se queda con un menor porcentaje de las acciones. Tanto el porcentaje de acciones como la financiación dependen de la startup y son negociables. La revista *Forbes* lo clasificó en el primer puesto de startups extranjeras, lo cual se debe probablemente a que el 60% de sus fundadores son extranjeros. A menudo los gobiernos pagan estas sesiones a las startups. Visite *FoundersSpace.com*

- *500Startups* tiene un programa de cuatro meses. Invierte 150 mil dólares en su compañía por un 6% y le cobra una cuota de 37.500 dólares. A finales del 2006, 500Startups dejó de ser una aceleradora. Ahora está enfocada en startups que estén en la etapa semilla.

Vamos a comparar las aceleradoras. El objetivo de YC y *500Startups* es crear una oportunidad de inversión para las entidades financieras norteamericanas. Esto implica que la startup deberá estar registrada y tener su equipo de gestión en los EE.UU. A diferencia de estas, FS enseña a los equipos a crear startups en cualquier otro país.

YC y FS ya han ayudado a más de 1.300 startups cada una. Las tasas de aceptación en *YC* (1.8%) y en *Founders Space* (5%) son bajas porque muchas solicitudes no tienen suficiente solidez, es decir, si usted tiene un buen proyecto, tiene muchas probabilidades de ser aceptado.

Puede haber unas 500 aceleradoras en todo el mundo y alrededor de 150 incubadoras y aceleradoras en Silicon Valley.

Para encontrar aceleradoras e incubadoras, visite la página de NBIA.org (*National Business Incubator Association*) y de GAN.co (*Global Accelerator Network*). En la página de NBIA, hay una lista de asociaciones locales alrededor del mundo (visite goo.gl/DB1WZM). Visite también *Angel.co* y *Seed-DB.com*.

Hay aceleradoras e incubadoras para industrias, como *fintech* (tecnología financiera), medicina, agricultura, biotecnología, banca, hoteles, música, aerolíneas, Internet de las cosas (IoT), móviles, coches, aseguradoras, comida, inmobiliarias, etc.. Hay también aceleradoras sin fines lucrativos para el campo de la salud y la educación y para los sectores minoritarios. Hay aceleradoras en Europa, América Latina, Asia, África y Oriente Medio.

➜ Si su objetivo es vender su producto/servicio (o su startup) a una industria (por ejemplo aeronáutica), entonces diríjase a una aceleradora para esta industria. Al hacer esto, usted obtiene experiencia, contactos y visibilidad dentro de la industria aeronáutica. Esto es mejor que acudir a una aceleradora que no esté especializada en un sector.

Las aceleradoras han tenido un gran impacto en el capital de riesgo de SV. Entre 1995 y 2005, un puñado de inversores de capital de riesgo (VCs) tenían casi todo el control de la financiación de empresas. Sin embargo, a medida que los VCs fueron obteniendo más financiación, tuvieron que cosechar éxitos más grandes y entonces empezaron a progresar y a enfocarse únicamente en startups con potencial para triunfar.

En 2005, YC fue la primera aceleradora. Al principio, los VCs dijeron que no funcionaría porque la gente quería ser financiada por los mejores VCs. *Y-Combinator* se enfocó en startups en la etapa semilla ofreciéndoles tanto pequeñas inversiones (alrededor de 100 mil dólares) como mucho apoyo. Al promocionar startups en la etapa semilla, YC se apropió de las startups incipientes que luego crecerían hasta ser startups en la etapa de crecimiento y en la de expansión. Esto le dio a YC el poder sobre los inversores de capital de riesgo. Si los VCs querían invertir, tenían que jugar limpio con YC. Si los VCs no lo hacían así y se dedicaban a demandar a los fundadores, a establecer cláusulas muy estrictas o simplemente a comportarse como cretinos, YC mantenía a las startups alejadas de ellos.

Para atraer a nuevas startups, los VCs se vieron obligados a incorporar nuevos servicios: de mentoría, de asesoramiento, de estrategia financiera, de ayuda con el personal, etc. Ahora invierten en aceleradoras e incubadoras con la esperanza de que las startups en la etapa de expansión acudan a ellos.

En 2015, había 170 aceleradoras. El modelo de aceleradora está evolucionando. *500Startups*, *Founders Space* e *Y-Combinator* entre otras, quieren salir al mercado mundial y están estableciendo una red mundial de fundadores, inversores y otras personas influyentes.

➜ Charlé con fundadores que pasaron por el programa de YC o FS. Mencionaron que lo más importante fue contactar con expertos, inversores, talento y clientes. Estos programas son una buena idea para los emprendedores noveles. Busque a gente que haya pasado por estos programas y hable con ellos. Hable con directores de aceleradoras y asesores para que le pongan en contacto con ellos.

➜ Una fundadora me contó que al estar en programas de aceleración e incubación pudo hablar con otros equipos, lo que le permitió pensar en grande, pensar en lo que realmente quería y aclarar sus ideas. Otro fundador me dijo que la experiencia de estar en una aceleradora de Silicon Valley cambió todo su proyecto. Estaba inmerso en el ambiente de SV, rodeado por otros fundadores, asesores y por otras startups, lo que le permitió ponerse en contacto con inversores. Le enseñaron a hablar con los inversores y a levantar capital.

➜ En el lado negativo, a veces las aceleradoras y las incubadoras ofrecen demasiada información, eventos, vida social, fiestas o te distraen de tu proyecto.

➜ Varios fundadores mencionaron que uno debe tomar la iniciativa para obtener información y contactos a través de estos programas. Está en sus manos informarse, aprender y establecer contactos.

➜ Varios fundadores utilizaron espacios de coworking porque sus apartamentos eran demasiado pequeños para un equipo. Uno de ellos dijo que los espacios de coworking eran todos iguales, así que estuvieron buscando para encontrar el más barato. Los espacios de coworking celebran eventos con frecuencia. Si usted no es miembro, puede asistir por $10.

Ser aceptado en una aceleradora o en una incubadora es una forma de validación que le puede ayudar al principio. Pero si usted es rechazado por una aceleradora o por una incubadora, esto no significa que su idea sea mala. Estas suelen preferir ideas que estén de moda. También dan preferencia a las aplicaciones y a las pequeñas soluciones que pueden desarrollarse rápidamente. Si usted está construyendo una plataforma infraestructural que puede que tarde dos o tres años en desarrollar, las aceleradoras e incubadoras no son el lugar adecuado al que deba acudir.

En otras zonas las aceleradoras e incubadoras tienen generalmente menos experiencia y contactos. Visite las aceleradoras e incubadoras locales y considere si sería mejor venir a Silicon Valley.

No se incorpore a una aceleradora cualquiera. Escoja la aceleradora en la ciudad y en la industria que usted quiera. Si quiere trabajar con el gobierno de los EE.UU., entonces vaya a una aceleradora de Washington, D.C. Pero no vaya allí si quiere construir startups como las de Silicon Valley.

¿Mi sugerencia? Busque una aceleradora o incubadora con buenos asesores y contactos en el mercado. Encuentre una que sea adecuada para usted.

➜ Un fundador me dijo que habían solicitado ser admitidos en varias incubadoras y aceleradoras y que habían sido rechazados por todas ellas. El equipo luego se dio cuenta de que esto había sido una señal de que la idea no iba a funcionar.

Una Guía para Venture Capital en Latinoamérica

Los siguientes páginas sobre capital de riesgo en América del Sur son del libro "Crossing Borders" por Nathan Lustig. Gracias a Nathan por este texto.

Las startups en Latinoamerica levantaron mas de US$1B en capital de riesgo (venture capital) en el 2017, según LAVCA. En 2018, lo más probable sobrepasaron $3B.

Aunque unos fondos internacionales han empezado a invertir en la región, la mayoría de VC proviene de fondos, aceleradoras e incubadoras locales alrededor de Latinoamérica. Hay docenas de aceleradoras privadas y públicas en todas las economías más grandes de la región y casi todos los países ya tienen al menos un programa para apoyar al emprendimiento local.

Aquí está una lista de los fondos y aceleradoras más importantes de Latinoamérica, además de los tipos de deals que uno puede esperar cuando invierte en el mercado latinoamericano.

Nueve fondos importantes de inversión en Latinoamérica:

- Monashees (monashees.com.br/pt-br/)(Brasil): Monashees es el fondo de venture capital más grande en la región y también es uno de los más activos. Prefieren invertir en etapas tempranas para ayudar a emprendedores innovadores crecer su negocio alrededor de Latinoamérica. Invirtieron en startups como 99, Rappi, VivaReal, ContaAzul, Grin y Satellogic.

- Kaszek Ventures (kaszek.com) (Argentina): Fundado por los fundadores de MercadoLibre, Kaszek invierte en startups tecnológicas en Brasil y alrededor de la región. Han invertido en Konfío, Nubank, OpenEnglish y NotCo.

- ALLVP (allvp.vc) (Mexico): Un fondo de venture capital basado en México que busca emprendedores que quieren cambiar el mundo. Invirtieron en Cornershop, Aventones y Cumplo.

- NXTP Labs (nxtplabs.com) (Argentina): Uno de los fondos más activos de la región, actualmente enfocado en fintech y agtech. Han invertido en Auth0, Satellogic, CargoX y Lab4U.

- Jaguar Ventures (jaguarvc.com) (Argentina/México): Llevan más de 20 años invirtiendo e innovando alrededor de Latinoamérica, incluso en Konfío y Conekta.

- Magma Partners (magmapartners.com) (Regional): Han invertido en 50 startups desde el 2014 con un enfoque en startups latinoamericanas que buscan llegar al mercado estadounidense o tienen modelos de fintech o insuretech pero operan en LatAm. Tienen oficinas en Chile, Colombia, EEUU, Mexico y China y han invertido en Omnibnk, Albo, PropertySimple.

- Angel Ventures (angelventures.vc) (Mexico/Peru): Un fondo compuesto de inversionistas alrededor de la Alianza Pacífica. Están activos en México, Peru, Chile, EEUU y Colombia.

- Valor Capital Group (valorcapitalgroup.com) (Brasil): Un fondo internacional que busca crear lazos entre startups tecnológicas en EEUU y Brasil.

- Redpoint eVentures (rpev.com.br) (Brasil): Un fondo basado en Sao Paulo y Silicon Valley que se enfoca en mejorar la calidad de vida por medio de la tecnología.

Las incubadoras públicas en LatAm

Estos programas de aceleración/incubación entregan un monto de dinero y una malla curricular para startups sin pedir equity a cambio.

- Start-Up Chile (startupchile.org) (Chile): Fundado en 2010 para llevar la cultura emprendedora a Chile, Start-Up Chile ha incubado más de 1800 startups y está apoyado por el Gobierno de Chile.

- Parallel 18 (parallel18.com) (Puerto Rico): Creado por el gobierno de Puerto Rico para conectar el mercado latinoamericano y estadounidense. Parallel 18 está dirigido por el ex-Director de Start-Up Chile, Sebastian Vidal.

- Start-Up Peru (start-up.pe) (Peru): Fundado usando el modelo de Start-Up Chile para apoyar a startups en el mercado peruano.

- IncuBAte (incubate.buenosaires.gob.ar/es) (Argentina): Una nueva aceleradora pública para unir el ecosistema de emprendimiento en Argentina y Buenos Aires.

Las aceleradoras privadas en LatAm

Existen varias aceleradoras e incubadoras privadas en Chile, México, Argentina y Brasil que están apoyadas por corporaciones locales o fondos internacionales. La mayoría piden un porcentaje de equity.

- 500 Startups LatAm (latam.500.co) (México): Un programa de 16 semanas en la ciudad de México creado por la aceleradora 500 Startups en Mountain View. Toman un pequeño porcentaje de equity a cambio del proceso de aceleración.

- Startupbootcamp (varios): (startupbootcamp.org) Ofrece programas de aceleración y scale-up alrededor del mundo, incluso en la Ciudad de México.

- Wayra (varios): (es.wayra.co) La aceleradora de Telefónica que busca compañías tech en Latinoamérica que están innovando en el área móvil.

3 Tipos de Deals Mas Comunes para Latinoamérica

Hay tres maneras que una startup puede ir para buscar inversión o adquisición si está basada en Latinoamérica: EEUU, Latinoamérica o China.

- EEUU: Las startups que van de LatAm a EEUU en general pasan por uno de los siguientes caminos: Entran a una aceleradora en Silicon Valley u otro tech hub en EEUU (ej. 500 Startups, Y Combinator, Techstars etc). Copian el modelo de una startup que ya existe en EEUU y son adquiridas por esa compañía o reciben inversión de fondos internacionales porque el modelo es menos riesgoso (ej. Needish fue comprado por Groupon para formar Groupon LatAm; Uala recibió inversión de Goldman Sachs). Reciben inversión de un fondo regional en latam que ayuda a un fondo estadounidense a tener confianza a invertir en LatAm. (ej. Rappi recibió inversión de Andreessen Horowitz después de participar en Y Combinator) La mayoría de estas startups guardan su equipo tech en LatAm mientras tienen su mercado en EEUU.

- Latinoamerica: La mayoria de fondos en Latinoamérica siguen invirtiendo en rondas a nivel de pre-seed, seed y Serie A. Las startups también tienen acceso a varios programas de aceleración sin equity alrededor de la región. La calidad e impacto es variada en estos programas. A veces invierten montos más grandes en startups que ya llegaron al mercado en EEUU y tienen co-inversión de ese mercado. Brasil es el único país en la región que tiene acceso más fácil a rondas más grandes que la Serie B.

- China: Los inversionistas en China invierten en series b en adelante en LatAm. Tienden a enfocarse en startups de fintech en Brasil (como Nubank) o en otras industrias que se asimilan a startups chinas. Las startups más late-stage pueden mirar a China como una buena opción para levantar una Serie B o para buscar un exit.

Para más detalles sobre startups en América del Sur, vea "Crossing Borders" por Nathan Lustig (en inglés, 2019) o su podcast del mismo nombre, Crossing Borders, donde entrevista a emprendedores e inversionistas en LatAm. Es cofundador de Magma Partners, un fondo de capital de riesgo que ha invertido en cincuenta nuevas empresas en América Latina, incluyendo Brasil, México, Argentina, Chile, Colombia, Puerto Rico, Perú y Ecuador.

"Crossing Borders" por Nathan Lustig

Para más detalles sobre startups en América del Sur, vea "Crossing Borders" por Nathan Lustig (en inglés, 2019). Es cofundador de Magma Partners, un fondo de capital de riesgo que ha invertido en cincuenta nuevas empresas en América Latina, incluyendo Brasil, México, Argentina, Chile, Colombia, Perú y Ecuador.

Universidades en Silicon Valley

Otra idea es ir a la Universidad de Stanford, la Universidad de California (UC) en Berkeley u otra de las universidades en Silicon Valley.

Cada verano, Stanford ofrece el curso SVIA (*Silicon Valley Innovation Academy*), que es un curso de ocho semanas sobre startups impartido por profesores de Stanford y que cuesta $8.000. Lo realizan 100 estudiantes de todas partes del mundo. El alojamiento es en residencias con estudiantes de Stanford. Esto le permite conocer profesores, estudiantes y los grupos de estudiantes para las startups. A través de ellos usted puede conocer asociaciones de ángeles inversores para estudiantes de Stanford.

La UC Berkeley ofrece el BMoE (*Berkeley Method of Entrepreneurship Bootcamp*), que es un taller intensivo de una semana. Igual que en el de Stanford, usted conoce a una gran variedad de expertos de SV.

Estas universidades también cuentan con aceleradoras. Está *Citris Foundry* en el departamento de ingeniería de la UC Berkeley que trabaja con startups del campo de la ingeniería y la biotecnología. Cuenta con pequeñas subvenciones (de 5 a 10 mil dólares) y se queda con el 2% de las acciones. Te pone en contacto con profesores, estudiantes, estudiantes de posgrado y antiguos alumnos de la UC Berkeley. Un miembro del equipo debe ser de la UC Berkeley. *Citris Foundry* está poniendo en marcha *Blue Bear Ventures*, su propio fondo de inversiones.

Stanford tiene *StartX*, una aceleradora para sus estudiantes. También tiene su propio fondo de inversiones. Un miembro del equipo debe ser de la Universidad de Stanford.

Hay aceleradoras de MIT y de Harvard, entre otras. Pregunte en su universidad en la Facultad de Ingeniería y en la de Informática.

¿Por qué emprender en Silicon Valley?

➜ Uno de los fundadores dijo lo siguiente sobre SV: ¿Por qué los alpinistas escalan el Everest? Si quiero subir montañas, voy a caminar a las colinas que hay alrededor de Silicon Valley. Pero si quiere estar entre los mejores alpinistas del mundo, tiene que escalar el Everest.

Lo mismo pasa con Hollywood. Si usted quiere salir en películas, puede hacer películas locales en Berlín. Pero si usted quiere ser una superestrella, vaya a Hollywood.

Lo mismo pasa con Silicon Valley. Si usted quiere ser el mejor del mundo en ordenadores y webs, entonces venga a Silicon Valley.

Esta es la razón por la que Mark Zuckerberg dejó Harvard y se vino a Palo Alto. Si de verdad le interesa, venga en busca de importantes objetivos y haga lo que sea necesario.

¿Qué pasa si no está en Silicon Valley?

Usted no tiene que vivir en Silicon Valley. Puede tener su equipo de desarrollo de 20 personas en Francia. Sus tres cofundadores pueden venir a SV a las reuniones varias veces al año. Usted puede utilizar *Skype* para celebrar reuniones adicionales entre su país y Silicon Valley.

Si usted puede, consiga una dirección en Palo Alto. Está mejor visto que la sede de su compañía esté en Palo Alto. Visite Playce.io.

Si usted está en otras ciudades o países, el principal problema es la falta de experiencia en startups en esos lugares.

La mayoría de los abogados tratarán los asuntos legales como si usted quisiera una gran compañía, lo que significa que pagará una gran cantidad de dinero en concepto de honorarios por un trabajo innecesario. Ellos tampoco están familiarizados con los aspectos legales para las startups.

Los contables y los planificadores financieros también construirán la estructura financiera para una compañía grande y usted pagará por lo que no necesita.

Ni los abogados ni los expertos en finanzas entenderán cómo vender su startup.

En muchos países, la gente no tiene muchas expectativas respecto a la vida y al trabajo. No imaginan que puedan crear una compañía y mucho menos cuando alguien tiene solamente 20 años. Le dirán que no se ponga metas tan altas.

Tampoco entienden por qué alguien trabajaría 60 u 80 horas semanales. Para ellos, es irracional. Son felices con sus 40 horas semanales y sus seis semanas de vacaciones al año.

Su familia y amigos le darán consejos útiles constantemente, que serán en su mayoría erróneos. Yo soy de Colombia. Viví en Alemania y Dinamarca durante quince años y sé lo que es esto. Casi todo el mundo piensa que debería ir a la universidad y luego entrar en una gran empresa o trabajar para el Estado y quedarse ahí para el resto de su vida.

Todos a su alrededor (amigos, familia y parientes, entre otros) le presionaran para que haga "lo más sensato". Su madre querrá que termine la carrera. En casa, sus amigos y su familia le dirán, "No puedes hacer eso," "Eso es imposible," "Eres demasiado joven para hacer eso", "Esa no es la manera de hacer las cosas", "Espera hasta que tengas diez años de experiencia en una gran empresa," "¡Piensa en tu carrera profesional!," y "Deberías sentar la cabeza."

Quiere decir que nadará contracorriente.

Sin la ventaja de esos sabios conocimientos, gente en Silicon Valley ha creado compañías que cambian el mundo.

➜ Muchos (si no todos) dijeron que después de una semanas en Silicon Valley no querían irse. Por fin encontraron un lugar donde todos podían entenderlos. Les gusta que la gente en SV se ayudan entre ellos.

➜ Algunos de los fundadores quieren trasladarse a los EE.UU. porque es muy difícil innovar en sus países natales. Mencionaron que a su cultura de negocios les falta experiencia y conocimiento. Si creas algo bueno, las grandes corporaciones te imitan. La gente quiere trabajar solamente en compañías grandes y es difícil convencerlos para que emprendan o se integren en una compañía nueva. Es también muy fácil obtener subvenciones gubernamentales por lo que las compañías nuevas nunca se gradúan; reciben una tras otra.

➜ Si está construyendo algo que estará disponible solamente en su país, entonces debería quedarse en tu país porque de esa manera entenderá mejor tu mercado. Pero si está emprendiendo algo para el mercado global, deberás venir a Silicon Valley para poder aprender como se hace. Como escribí antes, el 74% de SV es de otros países. Aquí es el único lugar donde encontrará gente con el talento y habilidades para construir una compañía global.

➜ Las Startups en África tienen que tratar con más condicionantes. En algunos países, no hay correo postal fiable, por eso las empresas tienen que construir su propia infraestructura de correo. Hay una falta de habilidad, experiencia e inversiones de capital. En el lado positivo, quienes viven ahí entiende cómo funciona para poder desarrollar soluciones. Es casi imposible que compañías extranjeras entren en esos mercados. No puedes solamente importar una idea; tiene que ser adaptada a las condiciones locales.

➜ Si su compañía está radicada fuera de EE.UU., podrá causar problemas fiscales para inversores asentados en EE.UU. A los inversores no les interesan las trabas de tratar con impuestos de compañías extranjeras, lo que hará muy difícil (si no imposible) obtener financiación americana para una Startup que no esté radicada en los EE.UU.

Cuando Incorporarse

La incorporación, cuentas bancarias de negocios, abogados, contables e inversores no están en este capítulo. No debería tratar con ninguno de ellos hasta que esté muy adelantado en el proceso. Después de que considere que su idea puede convertirse en un negocio, es cuando haces estas cosas.

Por lo tanto, usted solo necesita una presencia digital.

La Presencia Digital de su Compañía

Debe aparecer en las redes para que la gente lo encuentre y lo contacte. Esta es su presencia digital. Solamente necesita hacer lo suficiente para aparecer. No pierda mucho tiempo en esto.

Las malas noticias son que tiene que hacer todo esto a la vez. Tiene que tener una página web, subscripciones de correo electrónico, perfiles en las redes sociales, accesos directos a las redes, Google *Adwords*, análisis, seguimiento de campañas digitales y mucho más, todo a la misma vez.

Si esta es su primera vez, será mucho trabajo. Si lo ha hecho varias veces, lo puede hacer rápido. Mi sugerencia: contrate a una persona que realice esto por usted.

Su Nombre de Dominio

Tiene que registrar un nombre de dominio, pero no vaya a la página web de *GoDaddy* o ninguna otra página para registrar un nombre de dominio. Le engañarán.

Si visita una página para registrar su dominio, encuentra un buen nombre por $10 y lo comenta con su equipo cuando regrese a la página para comprarlo, encontrará que ahora cuesta $1.000. Estas registradoras ven que buscó por un nombre y lo registran porque no tienen que pagar los $10 hasta 30 días después. Cuando usted regresa, se lo venden por $1.000.

Para registrar su nombre de dominio:

• Piense en un nombre, como 12345.com (o cualquiera)

• Visite la página de Google y busca 12345.com en la caja de búsqueda. Si ese nombre de dominio está registrado, deberá aparecer una página web si no le aparecerá una página que le ofrecerá la venta de este dominio.

- Si Google le da el mensaje, "Esta página no puede ser encontrada. La dirección de 12345.com no pudo ser encontrada," entonces el nombre de dominio no ha sido registrado.

- Visite las páginas para registrar dominios (*GoDaddy* entre otros) y regístrelo inmediatamente.

Hay más de 365 m de nombres de dominios que han sido registrados y es por eso que es muy difícil obtener un buen nombre con .com. Hay más de 1.300 extensiones, como .co, .ly, .app, .site, .team, .tech, .tools y mucho más. Vea la lista en goo.gl/Sv8pmp.

Su Logo

Junto con el nombre de la compañía y el nombre del dominio, también necesita un logo.

Usted debería tener dos logos: un logo temporal para la etapa semilla y otro, mejor, para la etapa de crecimiento.

Porque la etapa semilla es un experimento y quizá decida que no funcionará o altere la dirección algunas veces, no hay necesidad de gastar dinero en un logo. Puede utilizar un logo temporal. Utiliza un emoticono o una imagen *gif*. No pague $300. Algunas personas lo harán por menos de $50. Busca "Diseñar un logo." ¿Qué hay del logo de Twitter? Ellos pagaron $15.

Cuando obtenga un logo, asegúrese que el contrato de ventas le dé todos los derechos en cualquier medio y en todos los países para siempre.

Cuando su compañía esté en la etapa de crecimiento y tenga financiación, obtenga un logo profesional por un diseñador que sepa cómo diseñar en todos los formatos, como páginas web, boletines electrónicos, páginas sociales, presentaciones de PowerPoint, documentos de negocios, tarjetas de negocios, playeras, stickers y tazas de café. Si estás construyendo una aplicación móvil, también deberá funcionar en la tienda digital de Apple. También necesitará su logo en grandes pancartas y carteles de 2 metros para eventos profesionales e industriales. Mire en su portafolio para ver si ha hecho esto antes.

Paginas Digitales

No necesita mucho. Solamente necesita unas pocas páginas para que la gente lo pueda encontrar y ver lo que está haciendo.

- Página web: Es muy fácil hacer una página web hoy en día. Utilice *Wordpress*, *Wix*, *SquareSpace*, o algo similar. No HTML o código. Hay miles de modelos gratis. Si utiliza el URL de estas páginas, es gratis.

- Si ve una página web que le gusta, es muy probable que utilice *Wordpress*, entonces puedes utilizar la página *WhatWPThemeIsThat.com* para encontrar que tema están utilizando.

- Solo necesita tres páginas: Acerca (del producto), Equipo y Contacto. Puede tener todo esto en una sola página. Agregue un correo electrónico y lo tiene. Puede hacer esto en pocas horas.

- Puede obtener fotos para su página web. Visite goo.gl/qZUj5Q.

- Otra manera de encontrar fotos: Busque en Google y seleccione Imágenes | Herramientas de Búsqueda | Derechos | Reusar. Puede utilizar estas imágenes.

Solo para que sepa, se tarda aproximadamente veinte minutos para crear una página web utilizando *Wordpress*. No pague miles de dólares por esto.

Si usted ya tiene un página de web, simplemente puede añadir otra página. Yo tengo mi propia página web, andreas.com, para este libro agregue andreas.com/book-startup.html

Usted puede añadir su guión gráfico a su página web como una animación. Es una excelente manera de explicar qué es lo que está haciendo.

Perfiles de Redes Sociales

Cree una página para su compañía en Facebook, LinkedIn y Twitter. Si es relevante, agregue Pinterest e Instagram. También deberá crear perfiles para su compañía en *CrunchBase.com* y *Angel.co*, estas son páginas similares a LinkedIn para startups, inversores, entre otros.

En cada página (web, Facebook, entre otros), utiliza el mismo mensaje y logo. Deberá tener una presencia consistente.

Herramientas

En el 2005, cogímos la American Express de la compañía, fuimos a la tienda de ordenadores y gastamos $7.000 para establecer la compañía. Hoy en día es más fácil.

- Ordenadores: Todos tienen su propio ordenador.

- Software: Esto es casi gratis. Si demuestra que está emprendiendo su propia compañía, Microsoft le ofrecerá *Microsoft Office* (Word, Excel, PowerPoint, Skype, Solitaire) y *Azure Cloud* gratis (visita BizSpark en Microsoft.com). Google tiene *Google suite* (Google Docs, Gmail, Drive, Calendar, Hangout, Frogger), *Adwords*, and *Analytics*.

- Unidad Compartida: Habilite una unidad compartida para que todos puedan tener acceso a los documentos.

- Vídeo conferencias: *Skype*, Hangout, o *Join.me* también te dejan compartir tu pantalla. Nosotros habitualmente utilizamos los tres; cuando uno tiene problemas, cambiamos a otro.

- Teléfonos: Puede obtener un plan familiar para sus tres "parientes."

- Boletín electrónico: Puede enviar boletines con *MailChimp*, *Cloudy.email*, *ConstantContact*, *Sendgrid*, entre otros. Los primeros 2,000 suscriptores son gratis. He utilizado casi todos ; *MailChimp* es el mejor.

- Mesas y Sillas: Si ve una startup con sillones de la marca Aeron, sabrá que están desperdiciando dinero. Cuando Amazon empezó, fueron a la tienda Home Depot, compraron puertas de $20 y las pusieron encima de caballetes que costaron $10. Puede obtener mesas y sillas de precios bajos en tiendas de segunda mano. Ellos obtienen sus muebles de compañías que se fueron a bancarrota.

- *Slack*: Utilice *Slack* para la comunicación interna. La aplicación para teléfono también funciona muy bien.

- Provisiones de oficina: Cada cual compra sus propias provisiones.

➜ Un fundador tiene una sugerencia para pizarras blancas. Compre un tablero melaminado de 4' X 8' (1/8 de grosor) por $12 (1.2 x 2.4 metros y 4 mm de grosor) en una tienda de suministros de madera (Home Depot o Lowe's). El limpiador para esto es alcohol isopropilico con agua en una proporción ¼ en una botella dosificadora.

Documentos de su Compañía

También necesitará un plan de negocios y una presentación de PowerPoint para su compañía. Sin embargo, no los escriba todavía. Si los escribe ahora, usted establece la dirección de su compañía y se volverá muy difícil cambiarlo luego. Deberá entrevistar a clientes potenciales y descubrir problemas y soluciones.

Su Página Web

Deberá agregar unas pocas herramientas en su página web.

Empiece por crear una cuenta de Google. No utilice su cuenta de Gmail; otros tendrán que tener acceso a la cuenta y no deberían tener acceso a tu cuenta personal.

- Cree una cuenta de gmail. Utilice letras al azar y números para que los hackers no puedan piratear su cuenta de gmail.

- Utiliza esa cuenta de gmail para agregar *Google Adwords*, *Google Analytics* y la consola de *Google Search*. También debe añadir las herramientas de Bing Webmaster. Añada herramientas de seguimiento en su página web.

- Añada su tarjeta de crédito y active *Adwords*. Configure una campaña pequeña de $1 por día.

Configure esto lo antes posible. Las diferentes herramientas empezarán a recopilar palabras claves.

Yo le sugeriría que contrate a alguien que haga esto por usted. Hay muchas configuraciones en las herramientas. Te puede llevar varios días hacer esto, alguno más para corregir los errores y luego tendrás que pagar a alguien que venga y arregle el desorden. En varias ocasiones, cuando miro las páginas de mis clientes, es más fácil simplemente configurar una nueva cuenta. Solo para que sepa, puedo hacer todo esto en menos de una hora (pero no, no lo haré para usted).

Otra herramienta que ayudará a su página web es un botón para opiniones. Añada un gran botón para que la gente pueda enviarte sugerencias y opiniones.

SEO Básico para su Compañía

Ok, he escrito docenas de libros acerca de SEO; yo dirigí el SEO global para Cisco; he hecho SEO para más de trescientas compañías. Aquí esta la pastilla roja.

Lo primero, SEO es la optimización de búsqueda de motores, lo que significa que tu página web aparezca primero cuando la gente la busque. Significa hackear los motores de búsqueda (legalmente).

La meta con SEO es que te encuentren en los motores de búsqueda. Puede leer un libro técnico de 500 páginas de IBM para entender cómo funciona; aquí está la versión corta.

Si tu página web es la oficial para tu compañía, producto, o tu nombre, será la número uno en Google y Bing.

Todo lo que tienes que hacer es asegurarte que Google sepa que tu página es la oficial.

Para hacer esto, edita el TITULO y la DESCRIPCIÓN en tu página web. En la página de producto, indica el nombre de tu producto. Llena la página de contacto con todo tu contacto: tu nombre, el nombre de tu compañía, tu domicilio, correo electrónico y teléfono. Agrega links para las páginas de Facebook, Twitter y LinkedIn.

El texto de las etiquetas aparecerá en tu URL en Google.

Las etiquetas son como pequeños tuits: tienes solamente unas palabras para convencer al lector que haga clic en tu link.

En este punto, no necesita palabras claves. Su nombre, el nombre de su compañía y el nombre de su producto son las palabras claves.

Hay dos etiquetas: el TÍTULO y la DESCRIPCIÓN:

- La etiqueta del TÍTULO (TITLE) es el cebo para atraer la atención. Si les gusta, leerán la línea de DESCRIPCIÓN. Utiliza hasta 68 caracteres, incluyendo espacios. Si excedes los carácteres el resto será ignorado por Google. Aquí está un ejemplo: <TITLE>Obten Pasta Hecho a Mano de Pasta Hut | Pagina Oficial | PastaHut.com </TITLE>

- La etiqueta DESCRIPCIÓN convence al lector de que el link es lo que está buscando. Empieza con la idea principal que es lo que quiere el cliente. En varias ocasiones incluyo el número de teléfono, una oferta ("El primer pedido es gratis!") y una llamada de acción (Llame Ahora!"). Utiliza 160 caracteres, incluyendo espacios. El resto será ignorado por Google. Aquí tiene un ejemplo: <META NAME ="DESCRIPTION" CONTENT="Pruebe pasta recién hecha a mano esta noche. Artesanal y orgánico. No máquinas! Nosotros te lo entregamos

personalmente. | PastaHut.com | Tel.555.123.4567. Primer pedido es gratis! Llama Ahora!">.

- La etiqueta clave (*Meta-Keyword*) tiene palabras claves para cada buscador, pero Google, Bing y Yandex ya no lo utilizan. Lo puede ignorar.

No agregue muchas palabras claves porque sí, como "Espagueti Pasta Lasaña Tortellini Linguini Penne." Si Google se da cuenta que tiene un montón de palabras claves juntas, bloquearán su etiqueta. No está agregando palabras claves, está escribiendo razones para que la gente visite su página web.

Puede hacer esto por sí mismo. No contrate a alguien que haga SEO. No pague por esto.

Para probar que esto funciona, lo hice para mi gato. Busque por este nombre (Anaximander Katzenjammer) y él es #1 en Google.

¿Es esto solamente lo que hay para SEO? Para algunas startups, sí, es todo. Cuando usted tenga 100,000 productos y un millón de páginas, hay muchas más cosas que usted puede hacer, pero por lo pronto, solamente necesita algunas etiquetas.

Si quiere saber más acerca de SEO, obtenga mi libro electrónico de SEO gratis en mi página web.

→ Para mis estudiantes en INSEEC San Francisco, escribí una guía de ocho páginas paso a paso de SEO para startups y pequeñas páginas web. Todo lo que necesites con todo detalle. Obtén SEO-en-8páginas.pdf (gratis) en andreas.com/book-startup.html

Google Adwords Básicos para su Compañía

Si SEO no te lleva a los primeros resultados en Google, puede utilizar *Google Adwords* para poner su nombre y compañía en los primeros resultados.

- Cree una campaña con tres grupos de anuncios. En el primer grupo, añada el nombre de su compañía como una palabra clave. En el otro, agregue el nombre de su producto. Si son dos palabras, utilice comillas, por ejemplo, "pasta hut." También lo debería incluir como una sola palabra, como pastahut (sin comillas). En la tercera campaña, agregue su nombre (en comillas) como una palabra clave. Añada más anuncios para sus cofundadores.

- Google te dirá que necesitas gastar $10: ignora eso. Gasta solamente $0.25.

- Establece un presupuesto diario de $2 al día (lo que serán como $60 al mes).

- Cuando establezcas *Google Analytics*, obtendrás un cupón de $150 en crédito de *Adwords*. Pon el código del cupón en la dirección de la facturación en *Adwords*. Los primeros $150 será dinero de Google.

Cuando establezca su cuenta, una persona amable de Google le llamará y le ofrecerá establecer su cuenta por usted.

No deje que Google haga esto por usted. Le dan tu cuenta a niños de secundaria quienes incrementan tu presupuesto y ofertas. No transformarán los resultados por ti. Cada chico está administrando varias cuentas, él no se preocupa por ti.

➜ Conocí una startup este verano pasado que dejó a Google que le ayudara con su cuenta; Google gastó $5.000 en un mes y la compañía no obtuvo nada a cambio. Es así como Google gana $50B al año.

Igual que SEO, no necesita hacer mucho *Adwords* al principio.

Aprenda acerca de PPC con mi libro electrónico gratis de PPC. Obtenlo en la página web para este libro.

Búsqueda de Palabras Claves Utilizando Google Adwords

¿Se acuerda cuando esta mañana instaló todas esas herramientas de Google en su página web? Bueno, hay que utilizar eso para buscar palabras claves.

- Hay muchas compañías que le cobran por darle información de palabras claves. La mejor información de palabras claves es de Google, gratis.

- En *Google Adwords*, ve a "Herramientas | Planificador de Palabras Claves." En la pestaña "Su producto o Servicios," añada cuatro o cinco palabras clave principales. Bajo "objetivo" ponga su país. Añada su lenguaje. Presione "Obtén Ideas." Google le enseñará palabras claves con sus resultados y tráficos mensuales. Organice los datos por tráfico y verá las mejores palabras. Utilice esos en sus títulos, encabezados y sus frases iniciales.

- Limpie sus resultados y esta vez, en la pestaña "Su Página de Aterrizaje," ponga la URL de la página de su competencia. Google le enseñará las palabras claves que su competencia atrae. Haga esto para sus cinco principales competidores. Descargue los resultados de sus competidores, combínelos en una hoja de cálculo, organícelos y borre los duplicados. Tendrá todas las palabras clave de su competencia.

- En Google *Adwords*, haga clic en "Palabras Clave" y luego presione el botón de "Buscar Términos." Google le enseñará las palabras clave que la gente utiliza para llegar a su página web. Haga clic en la flecha que apunta para abajo y descargue la lista.

- En *Google Analytics*, navegue a Adquisición | Búsqueda de Motores | Solicitudes. Google le enseñará las palabras clave que la gente utiliza para encontrar su página.

- En la consola de búsqueda de Google, navegue a "Buscar trafico | Buscar Análisis." Google le enseñara más palabras clave que la gente utiliza para encontrar a su página.

Quizá se pregunte: espera, ¿hay cuatro maneras de hacer lo mismo? No. Cuatro reportes enseñarán cuatro resultados de palabras con algunas duplicidades. Haga todo esto, descargue los reportes, combínelos todos en una hoja de cálculo y usted obtiene todas las palabras clave para su industria, junto con información de cada palabra clave.

Puede hacer todo esto por regiones, (por ejemplo Francia, India, entre otros) y por lenguaje (Español, Alemán y mucho más). También puede configurar la escala de tiempo en Google *Adwords* para los últimos cuatro años y ver una gráfica del volumen.

El reporte de las palabras clave le enseña las palabras más usadas para su página, blogs, publicaciones en redes sociales, twits, entre otros. Dé el reporte de las palabras clave a sus inversores. Esto enseñará si hay un mercado para su producto.

Esta es la razón por la que tiene que instalar las herramientas de Google cuanto antes para que estas puedan empezar a recopilar información. Si usted no lo hace, será un error. ¿Tan importante? Aquí hay dos historias.

Hace tiempo, trabajé para una startup que construyó su compañía con las tradiciones de sus tatarabuelos de tierras muy lejanas. Recaudaron un millón de dólares, contrataron personal de ventas y mercadotecnia, diseñadores web, una recepcionista y varios becarios. Perdieron 18 meses sin hablar con ningún cliente. Yo me uní al circo y después de algunos días hice una búsqueda de palabras clave. Imprimí las palabras más buscadas junto con el tráfico de búsquedas mensuales. En la junta semanal del equipo les entregue esto. Las palabras clave para esta industria tenían 1,400 búsquedas mundiales al mes. Eso era todo. La página de mi gato obtiene más tráfico. El CEO miró la lista y su cara tenía la misma expresión que haces antes de tirarte en tu primer salto de puenting. O cuando te enfrentas al abogado de divorcios de tu primera esposa. ¿Te suena familiar? Esto es malo. No había un mercado. La compañía se fue a la bancarrota en seis meses.

Acabemos esta sección con una nota positiva. Bueno, hay una muerte, pero es en California por lo que debe ser feliz. Estoy trabajando en un gran cementerio. Sí, también ellos necesitan mercadotecnia. Su meta es vender más tumbas. Entre otras cosas hago un reporte de palabras clave. La noche antes de una junta, preparo la lista y advierto que hay muchas búsquedas de "donde entierro mi perro", "donde entierro mi gato", "tumba para mi pescado dorado", entre otros. Pensé que si iba a la junta con estos resultados, iban a pensar que estaba loco, entonces quité las búsquedas de donde enterrar animales. Pero luego pensé, espera, esto es información, entonces lo volví a agregar al informe y me fui a la junta.

La junta fue lo que te esperabas: muchas personas en trajes negros y corbatas (sí, también en Silicon Valley) alrededor de una mesa larga. Estoy presentando y hablando, cuando llego al informe de las búsquedas más comunes y lo empiezo a repartir. Explico el informe y los números y discutimos las búsquedas. Y luego digo, "Ustedes notarán, que en la línea 32 hay muchas búsquedas de donde enterrar perros y gatos." Uno de los directivos golpea su puño sobre la mesa y dice: "Lo sabía! Sabía que había un mercado para enterrar animales!" Unos meses después, me llaman y me dicen que vaya a visitar y mirar. Crearon un pequeño parque para enterrar mascotas y ya casi estaba lleno. ¿Lo ve? Recopilando información, descubrieron un mercado y la gente fue feliz.

Utiliza Adwords para Encontrar un Nombre para su Producto

Puede usar resultados de búsqueda de palabras clave para encontrar un nombre para su compañía y producto. Haga la búsqueda de palabras clave y encuentre palabras con muchas búsquedas mensuales.

Utiliza Google Adwords para Probar su Idea

También puede utilizar *Adwords* para probar su idea. Puede introducir campañas electrónicas para algo que no exista para ver si la gente visita la página. Establezca un sistema de subscripción para recopilar nombres y correos electrónicos.

Establezca un Boletín Informativo Electrónico

También debería enviar mensualmente un boletín electrónico informativo para mantener al tanto a su equipo, asesores, inversores, clientes y amigos. Ellos le dirán a otros lo que usted está haciendo.

Envié también un boletín informativo a sus clientes. Manténgalos informados de su progreso. Pregúnteles por retroalimentacíon y sugerencias. Cuando alguien le escriba, no envie respuestas automáticas. Escriba una respuesta personal.

Puede utilizar herramientas electrónicas como *MailChimp, Cloudy.email, Sendy, Constant Contact,* entre otros.

Agregue un botón para la suscripción a su boletín informativo en su página web. Las herramientas del correo electrónico le dan un poco de código para agregar un link de suscripción en su página web para ofrecer a la gente que se suscriba a su boletín informativo.

Suena espléndido tener 50,000 suscripciones, pero lo que cuenta son los que leen tu boletín informativo. Si alguien no ha abierto tu boletín en los últimos tres meses, no están interesados y los debería borrar de su lista de suscriptores.

Tendrá que descargar los correos electrónicos de sus contactos en Facebook, LinkedIn, Gmail, entre otros. Para hacer eso:

- **Gmail:** Haga clic en Gmail (botón rojo, lado izquierdo). Seleccione contactos. Haga click en Más. Seleccione todos sus contactos. Guárdelos como CSV.

- **LinkedIn**: En la página de LinkedIn | haga clic en Mi Network | contactos (arriba en medio). Haga clic en el icono de engranaje a la derecha). Haga clic en Exportar contactos de LinkedIn (columna derecha). En "Exporta a:" menú desplegable, seleccione Microsoft CSV.

- **Facebook**: Cree un correo electrónico de Yahoo. Vaya a address.yahoo.com, presione el icono de Facebook. Entre con su ID de Facebook. Esto da permiso de importación para sus contactos de Facebook a su cuenta de Yahoo. Vaya a la página de Yahoo | Herramientas | Importación. Exportar como CVS o presione Control + A para copiar todo y péguelo en un archivo de texto.

También puede escanear tarjetas de negocios con un escáner para tarjetas de negocios. También puede utilizar aplicaciones de teléfonos inteligentes que realizan fotos y convierten la imagen a texto.

Combine todos los correos electrónicos en una lista y borre duplicados. Lo siguiente es limpiar su lista. Muchos correos electrónicos son abandonados cada año, tiene que borrar estos. Si no los borra, tendrá correos electrónicos que rebotarán de regreso. Su proveedor pensará que usted envía spam y cerrarán su cuenta.

Para limpiar su lista, utilice DataValidation.com, que cobra alrededor de 7 dólares por 1.000 correos electrónicos. Usted sube su lista de correos y pasados unos días le da una lista de correos marcados como buenos, quizá, o malo. Envie correos a los que están marcados como buenos y quizá. Borre los correos electrónicos marcados como malos.

Todos sus cofundadores deberían hacer esto con sus cuentas de *Gmail*, *Facebook* y *LinkedIn* para crear una lista grande.

No envié muchos correos electrónicos desde su cuenta de Gmail. Si envía más de 300-400 al día, Google podría cerrar su cuenta. Si esta es su cuenta para su proyecto, tendrá que empezar de nuevo.

¿Qué hay de las Ganancias, Mercadotecnia y Otras cosas?

Muchas startups cometen dos errores fatales:

* Producto en Busca de un Mercado: primero construyen un producto y luego tratan de encontrar un mercado. *Webvan* era una startup de un billón de dólares sin ningún mercado.

* Una Campaña Agresiva de Mercadotecnia para un Producto débil: tienen un producto pobre y tratan de promocionarlo para venderlo.

La solución fácil es recaudar mucho dinero para promoverlo y generar ventas, que es lo que los inversores quieren ver. En realidad a los VCs les encanta esto porque a ellos les pagan por darte dinero.

No me malinterpretes: el marketing funciona… para compañías grandes. He hecho esto para compañías multinacionales. Pero ellos hacen cosas que no están al alcance de las nuevas compañías.

Muchas personas me mencionaron que la publicidad son los impuestos que tú pagas cuando tu producto no es bueno.

El marketing es como usar esteroides para cubrir músculos débiles.

No debería hacer marketing y ventas en la etapa inicial. Si lo hace, se quedara atascado en eso y no podrá desarrollar su producto. Deberá terminar su producto antes de empezar a venderlo. Haga productos que los usuarios amen. Crecerá exponencialmente.

De todos modos, como probablemente se estará preguntando, agregué un montón de cosas para startups de etapa media a mi blog sobre esto.

4: Entreviste a Tus Clientes

Antes de que Desarrolles tu Producto

Antes de que empieces a escribir código, incorporar u ordenar sus camisetas, deberá buscar si hay un mercado para su idea.

Idea Principal: Hace esto esto cuando entrevista a sus clientes. ¿Cómo hacen su trabajo? ¿Dónde están sus frustraciones? ¿Cúanto les cuesta este problema? ¿Qué solucionaría este problema? ¿Como clientes cómo encuentran soluciones? Si usted hace esto bien, sus clientes le dirán que es lo que necesitan, cuanto están dispuestos a pagar y como lo comprarán.

Cuando tenga diez o veinte entrevistas, tendrá una idea de qué desarrollar.

Sus Clientes y su Compañía

Una de las partes más importantes de su compañía son sus clientes porque ellos te pagan. Tiene que entender qué es lo que hacen sus clientes, qué es lo que no funciona y cómo arreglarlo.

➔ Al principio de su compañía, debería dedicar el 80% de su tiempo con clientes y 20% en desarrollo. A medida que pasa el tiempo, cambia hasta que el 20% en clientes y el 80% en desarrollo. Por supuesto, que depende de la industria. Esto no es posible con proyectos complejos como lenguajes de programación, aparatos médicos complejos, maquinaria industrial pesada, entre otras cosas.

➔ Esto va más allá de conocer a tus clientes; necesita enamorarse de sus clientes. Aprenda todo lo que pueda acerca de sus clientes; qué es lo que les gusta, cómo hacen las cosas. Por eso las entrevistas con sus clientes deben ser en persona siempre que sea posible, si no utilice Skype para videoconferencias. Necesita encontrar lo que les hace felices, qué es lo que les causa indecisión y qué es lo que evitan. Aprenda a ver el negocio desde el punto de vista de sus clientes.

Cómo Entrevistar a sus Clientes

Entreviste a sus clientes para aprender acerca de su trabajo y vida para poder desarrollar un producto mejor para ellos.

Los siguientes párrafos están basados en parte del libro corto de Rob Fitzpatrick llamado *The Mom Test*. Es un gran libro muy corto que debería obtener. Visite *MomTestBook.com*.

Esto no es solamente teoría. Para escribir este libro, yo entrevisté a fundadores, VCs, ángeles, inversores, directores de incubadoras, aceleradoras y oficinas de co-working. Les pedí que me contaran cómo construyeron sus propias compañías, que es lo que funciona y lo que no funciona y qué es lo que hacen y lo que no hacen. Utilicé estas entrevistas para escribir este libro. Esta es la razón por la que este libro está basado en hechos reales.

Las entrevistas me hicieron repensar partes de este libro. Muchos capítulos fueron reescritos, borrados, o expandidos, con base en lo que los fundadores me contaron acerca de sus compañías.

Cómo Encontrar Gente para Entrevistas

Contacta con todos:

- Amigos, familiares, compañeros de la universidad y alumnos.
- Co-fundadores, asesores, colegas de trabajo.
- Profesores de universidad y escuelas de negocios.
- Inversores
- Gente que se inscriba a su boletín informativo o se registren en su página web.

➜ Uno de los fundadores mencionó que también se debería entrevistar a compañías que fracasaron. Busque en Angel.co y otros sitios para fundadores para encontrar compañías similares.

➜ Uno de los fundadores entrevistados es una estudiante, comentó que estaba investigando para un proyecto estudiantil, que era en su mayoría verdad.

➜ También debería entrevistar a inversores potenciales. Un fundador descubrió que un inversor ángel líder de Silicón Valley perdió $26m el año anterior en el mercado objetivo de la compañía. Los demás inversores sabían acerca de esto y por esa razón nadie estaba dispuesto a invertir.

¿Cúantas Entrevistas?

➜ Le pregunté a los fundadores cuantas entrevistas habían hecho. Uno realizó 70 entrevistas en dos meses. Tres hicieron 30 entrevistas. La mayoría hizo de 10 a 20 entrevistas. Uno de los fundadores utilizó 800 encuestas y otro utilizó 1.500 encuestas. Algunos no entrevistaron a nadie. Yo entrevisté a 26 personas para este libro.

Ejemplo para un Correo Electrónico

Este un ejemplo de correo electrónico que puede enviar: Estimado Bob; Estoy desarrollando un producto para la industria de la construcción. Estoy tratando de entender como funciona su industria. Usted tiene mucha experiencia y eso podría ayudarme a evitar errores. No estoy vendiendo nada. Solo quiero aprender. ¿Puedo invitarle a comer y hablar sobre el asunto? --Emily

➜ Para este libro, envié un correo electrónico a los 1.500 suscriptores de mi boletín informativo. Alrededor de 45 respondieron y entrevisté a 26 de ellos.

Antes de la Entrevista

Debería saber a quién está entrevistando. Prepárese para la entrevista investigando a la persona y a su empresa. Mire en su página web, Facebook, Twitter, LinkedIn, Instagram, entre otros. Busque sobre su educación, historia profesional y sus intereses personales. Mire en la página web de empresa y en su página de LinkedIn. Busque nuevas noticias acerca de la compañía (Vaya a las noticias de Google y busque a la persona y a la compañía.)

Quien debería hacer las entrevistas

Usted y sus socios deberían hacer las entrevistas. No debe externalizar o contratar a un estudiante para que haga las entrevistas por usted. Deberá hacer esto por usted mismo.

Cada entrevista deberá ser hecha por un par de socios. No envíe a las mismas personas a todas las entrevistas.

Como hacer una Entrevista

- Asegúrese que la persona entienda que esto no es una llamada comercial. Usted está hablando con él porque él es un experto.

- Envíe las preguntas antes de la entrevista para que pueda prepararse.

- No presente su proyecto. No hable acerca de su proyecto. Solo haga preguntas. Deje a la persona que hable.

- Traiga dos copias de las preguntas en papel. Dele una copia a la otra persona.

- Grabe la entrevista. Le ayudará a enfocarse en la conversación en vez de tomar notas. Hay aplicaciones que puedes descargar para grabar llamadas telefónicas y conversaciones.

- No entreviste en oficinas; es muy formal y la persona no hablará abiertamente. No entreviste en cafeterías con mucha gente porque otros podrán oír la conversación y no hablará abiertamente. No se siente con un escritorio o mesa entre ustedes. Siéntese en la orilla, uno al lado de otro.

- No seas formal. Relájate y habla.

Si utiliza una video llamada, conecten las cámaras para que se puedan ver. Las expresiones faciales dicen mucho.

Las Preguntas Equivocadas

En muchas entrevistas con clientes se hacen preguntas equivocadas. Muestran el producto y luego preguntan al cliente si lo comprarían.

El resultado es una opinión ("sÍ, quizá") pero no le ayuda, porque cuando habla, no aprende nada. Usted aprende escuchando.

Las encuestas o los cuestionarios de opción múltiple perderán detalles y problemas. Haga preguntas abiertas y déjelos que hablen.

➔ No asuma que todos los clientes son iguales. Una startup estaba desarrollando un dispositivo médico, por lo que entrevistaron a médicos. Los doctores expertos reclamaron funciones avanzadas para que se agregaran, pero la herramienta se volvió muy compleja para doctores sin tanta experiencia y las ventas disminuyeron. Los usuarios expertos suelen ser demasiado avanzados para el mercado general.

Preguntas para Hacer

Idea Principal: Haga preguntas específicas acerca de las acciones pasadas del cliente. ¿Cuál fue el problema? ¿Por qué importó? ¿Cuánto dolió? ¿Qué hizo al respecto?

Por ejemplo, usted está desarrollando una aplicación para una empresa de construcción. Aquí tiene algunas ideas de las preguntas que puede hacer:

- ¿Como está haciendo este proceso actualmente? Hábleme paso a paso sobre la última vez que hizo este proceso.

- ¿Que parte del proceso tiene problemas?

- ¿Hay problemas con las herramientas?

- ¿Qué otras herramientas probó antes de que escogiera la herramienta que utiliza?

- ¿Cómo está tratando con el problema ahora?

- ¿Cómo lo arreglaría? Muy a menudo, conocen el problema y le dirán cómo lo podría arreglar.

- ¿Por qué no ha arreglado esto?

- ¿En realidad es un problema o solo lo ignoras?

- ¿Qué es lo que en realidad está tratando de hacer? ¿Cuál es el propósito de todo esto?

- ¿Está buscando un repuesto?

- ¿Qué le está deteniendo para remplazar la herramienta?

- ¿Dónde busca los repuestos?

- ¿A quién escucha cuando busca repuestos?

- ¿Cuánto dinero está perdiendo por culpa de la herramienta?

- ¿Hay presupuesto para una herramienta mejor?

- ¿Quién controla el presupuesto para herramientas nuevas?

- ¿Cuál es el proceso para seleccionar herramientas nuevas?

- ¿Cómo se llama la persona que toma las decisiones?

- ¿Con quién más debería hablar?

- ¿Qué más debería preguntar?

La última pregunta es muy importante. La gente le sugerirá cosas que no había considerado.

Para darle opciones, hice una lista con muchas preguntas. Utilice estas lista para hacer sus propias preguntas. Apunta a 10-12 preguntas para una hora de conversación.

➜ Uno de los socios me dijo que el equipo hizo preguntas acerca de la situación del usuario, tal como lo describí anteriormente. Les pregunté por qué lo hicieron de esa manera y me dijeron porque su profesor les recomendó hacer preguntas, pero no tenían un producto, por lo que solo hicieron preguntas acerca de los problemas. Esto les ayudó a descubrir problemas y luego desarrollar un producto para resolverlos.

Continúe Haciendo Preguntas

➜ Varios socios tienen otras maneras de hacer preguntas. Un equipo agregó chats en línea para el producto. La gente contactó con la empresa para solicitar asistencia y, una vez que se solucionó el problema, les hicieron preguntas. En general, respondieron.

➜ Otro equipo ofreció servicios de chat en línea las 24 horas para sus clientes internacionales. Los socios, a pesar de dirigir a la compañía durante cuatro años, se comprometieron a realizar 30 minutos diarios de asistencia a través del chat para estar en contacto con los clientes. Preguntaron a los clientes y recibieron multitud de comentarios y sugerencias.

Después de la Entrevista

Coloque los materiales de la entrevista (resumen, video, grabación de audio, fotos de tus notas) en una unidad compartida. Todos en el departamento de desarrollo deberían tener acceso a las entrevistas.

Cada uno de los socios debería leer todas las entrevistas. Seguidamente, reúna al equipo y hable de cada entrevista, uno por uno. Qué está bien, qué debería ser desarrollado, qué es lo que no importa.

Aplique las Entrevistas para Su Desarrollo

Tenga una junta de equipo para discutir cada entrevista, línea por línea. ¿Qué nueva información hay ahí? ¿Cómo puede aplicar la nueva información para el desarrollo del producto? ¿Cómo cambia su producto, desarrollo y el futuro del proyecto?

Convierta sus Entrevistas en Guiones Gráficos

Cuando tenga una idea clara del problema que el cliente tiene, cree un guion gráfico.

Un guion gráfico es una descripción del proceso desde la perspectiva de un usuario. Qué es lo que hace, el problema que surge, cómo afecta su trabajo y cómo puede ser arreglado.

Un guion gráfico puede ser de diferentes formas:

- Algunos párrafos

- Una lista de pasos enumerados

- Un dibujo de figuras de palillo con texto en las burbujas de pensamiento.

- Un vídeo con personajes animados

La historia debería ser breve. Manteniéndolo breve, declara el problema/solución rápido y claramente. Esto significa media página de texto, una página de dibujos o un vídeo de 30 segundos.

Puede hacer versiones diferentes del guion gráfico para diferentes públicos.

- Para su equipo de desarrollo

- Para sus inversores

- Para clientes en su página web

Hay bastantes páginas web y blogs donde puede aprender a realizar guiones gráficos. Puede ver como Jake Knapp de *Google Ventures* hace prototipos rápidos con guiones gráficos (see goo.gl/VZfNDx).

→ La mayoría de los socios entrevistados escribieron guiones gráficos y mencionaron que son útiles.

→ Algunos no utilizaron guiones gráficos. Pensaron que esto nada más era un ejercicio. Tienen gran experiencia en este asunto y también un gran entendimiento de sus clientes y su mercado y por eso no necesitaron escribir un guion gráfico.

→ Varios socios dijeron que los inversores no estaban interesados en las entrevistas o en los guiones gráficos. Mencionaron que los inversores no tienen mucho tiempo. A los inversores solo les importan los asuntos financieros.

El Problema de Hacer Preguntas

Usted hace preguntas para aclarar dudas y cuestiones. ¿Qué es lo que obtiene? más dudas y cuestiones.

Si le pregunta a diez profesionales, obtendrá diez respuestas.

Cuando revise todas las entrevistas y las resuma, descubrirá perspectivas y problemas comunes.

➜ Uno de los socios utilizó entrevistas, pero descubrió que había problemas con ellas. Si usted le hubiera preguntado hace cinco años acerca de los servicios de transporte con conductor, hubieran dicho que usaban taxi. No se imaginaban Uber.

Aprenda a Escuchar

Es difícil escuchar lo que personas le dicen. Usted quiere confirmación de sus idea, no más problemas.

Yo empecé este libro con la idea de que las startups deberían ser constituidas bajo demanda. Todo debería ser analizado y después se recopilaría la información, se aplicarían estadísticas y se descubriría la solución óptima.

➜ Hable con tres fundadores de métricas, con grandes conocimientos en ingeniería, y quienes han emprendido en muchas startups. Todos ellos dijeron, "Bien, sí … hemos intentado eso, pero no funcionó." Yo pensé que no lo hicieron bien. Sí, ignoré su experiencia. Mi teoría era mejor.

Finalmente, descubrí lo que estaban diciendo: el desarrollo basado en métricas no funciona. Muchos de los libros principales de startups hablan de métricas, pero no explican cómo se hace en realidad porque no funciona.

Escriba los Documentos de su Startup

Después de que haya finalizado las entrevistas con los clientes, usted tiene una idea clara del problema y la solución. Ahora puede escribir los documentos de su startup:

- Localizador: Su resumen de negocio en una página.

- Presentación de ventas en diez páginas: diez páginas de presentación en un PowerPoint y un documento PDF para la presentación de inversores.

Puede descargar varias plantillas para su localizador y su presentación de ventas en la página web de este libro, pudiéndolo editar para su startup. Hay muchos planes de negocios en BPlan.com.

Pon estos documentos en una carpeta compartida para que todos en tu equipo puedan utilizarlos. También puede ponerlos en una memoria portátil que pueda usar como llavero y en una carpeta en la memoria de su teléfono.

Practique varias veces hasta que pueda presentarlo con confianza.

➔ Los fundadores con mucha experiencia no escriben planes de negocios de 10 o 60 páginas. Invertirá mucho tiempo en eso. Todo cambiará muy rápido y será obsoleto en algunas semanas. Muchos inversores no lo leerán o solo lo ojearán. Saben que cambiará de todos modos. Por eso puede ser una pérdida de tiempo.

Su Discurso de Ascensor

Se llama discurso de ascensor porque usted presenta su idea yendo de un piso a otro como en un ascensor.

Pero la mayoría de los discursos de ascensor usan frases incómodas y largas, como por ejemplo, "aprovechamos las verticales dinámicas. Nadie sabe lo que significa en realidad y a nadie le importa.

En un evento de ventas, alguien expuso dos minutos acerca de almacenamiento y compartimiento de datos en el espacio digital de empresas que están en la nube hasta que un inversor preguntó "¿Estás haciendo registros médicos?"

Una solución mejor es la presentación de ventas dirigida a tu abuela.

La Presentación de Ventas para su Abuela

Idea Principal: La presentación de ventas de tu abuela es algo que tu abuela diría acerca de tu startup a mi abuela.

Escribe tu presentación de ventas y luego conviértelo en cuatro palabras que tu abuela diría. Tienen que ser palabras sueltas, no oraciones escritas. Esto es lo que yo llamo la presentación de ventas de abuelas.

- Hable con su abuela y pregúntele qué es lo que piensa que está haciendo. Si te dice "Estás perdiendo tu tiempo con los marcianitos! !Consigue un trabajo de verdad!", entonces sabes que es honesta. Cuando diga, "Juanito hace más fácil pagarle a la gente," tienes una frase ideal.

- Sabe que tiene una buena frase cuando otras personas lo presentan utilizando su frase "Jenny, quiero que saludes a Juanito. Está haciendo más fácil pagarle a la gente."

- Utilizando palabras claras y comunes, facilita que la gente se lo diga a otras personas. Eso puede ser viral.

En Silicon Valley, lo llamamos "X por Y" declaraciones. Es esto por eso. La X es un gran empresa muy conocida que todos saben lo que hace. La Y es un sustantivo que todos conocen. Por ejemplo, es un AirBnB para fiestas. Facebook para perros. LinkedIn para gatos. Si se te acaban las ideas, intenta *ItsThisForThat.com* :-)

Aprende más de presentación de ventas de abuelas en goo.gl/Nb3u0A

Utilice Adwords para Probar su Presentación de Ventas para su Abuela

Cuando tiene diferentes frases de ventas para describir tu startup, puede probarlas en Google *Adwords* para encontrar la mejor.

- Crea una grupo de anuncios en *Adwords*.

- Utiliza solamente una palabra clave. Utiliza una palabra relevante que tenga el mayor tráfico de búsqueda.

- Cree anuncios para cada presentación de ventas de abuelas. Si tienes cinco frases, haga cinco anuncios. Todo deberá ser lo mismo, solamente el cuerpo de los anuncios deberá ser diferente. Ponga el anuncio de ventas en él cuerpo del anuncio.

- Apaga la optimización del anuncio. Ponlo en rotación del anuncio.

- Lance los anuncios en una semana sin ningún día festivo importante hasta que alcance 1.000 impresiones por cada anuncio. Observe las calificaciones del anuncio para escoger el mejor.

- Usted observará cual obtiene más visitas.

Necesita 1.000 impresiones por anuncio para obtener alrededor del 3% de confianza estadística.

Cómo Obtener sus Primeros Clientes

Sus primeros clientes son su propio equipo. Empiece con su propio equipo para ver si ellos utilizarían su producto. Google prueba sus productos en sus propios empleados antes de comercializarlos al público en general.

Los siguientes son las personas alrededor de su compañía. Incluyendo asesores, contratistas, inversores, entre otros. Deles el producto para que lo prueben.

Finalmente, deles el producto a las personas a quien entrevistó.

Empiece con un grupo pequeño. Quiere suficientes para que le den consejos y opiniones, pero no tantos para que lo retrasen con servicio al cliente. No se preocupe acerca de las ganancias al principio. Ofrezca las primeras versiones gratis o por una pequeña cuota. En este punto, las opiniones y la exposición son más valiosas.

Utilice anuncios digitales en Google *Adwords* y Facebook para llegar a su audiencia. Envíelos a su página web donde se puedan registrar para su boletín informativo, o para que descarguen su producto.

Sus clientes le dirán a otros de acerca de su producto. Pregunte por testimonios. Pídales que suban fotos y vídeos a tu página web, página de Facebook, a sus páginas web y sus páginas de Facebook también.

¿Que pasa si no puede conseguir clientes? Puede ser que no aclaró los beneficios de su herramienta, si es así tiene que explicarlo mejor.

Pero si aún así no obtiene clientes, entonces le están diciendo que no necesitan su producto.

→ Varios fundadores dijeron que tenían una lista de clientes potenciales y les llamaron. Esto quizá funcione o no, pero solo lo sabrá si lo intenta. Obtenga una lista de 100 clientes, llámeles y vea si funciona.

Más Ideas

No necesita una idea original. Si usted está en Europa, Sudamérica, Asia o África, observe las startups exitosas de Silicon Valley y valore si pueden funcionar en su país.

En realidad funciona. Los hermanos Sanwer de Austria copian compañías de Silicon Valley para Europa. Copian hasta las páginas web. Contratan equipos para que administren estas copias. Su compañía está valorada en un billón de dólares.

Busque por compañías en SV que tengan inversores y que hayan durado más de tres años. Han encontrado lo que funciona (y lo que no funciona). Vea si puede mejorar la idea para su país y hacerlo mejor.

Dos de las compañías más grandes del mundo son Baidu y Alibaba en China; las dos son copias de empresas de Silicon Valley; las dos valen billones de dólares. Google en sí es una copia del trabajo de otra persona.

No construya una compañía para hacer dinero con anuncios electrónicos. Muchas de las plataformas en línea hacen poco dinero con esto. Mi blog tiene datos en ganancias de anuncios electrónicos (visite goo.gl/qus97T).

Aún Más Ideas

¿Todavía no sabes por dónde empezar?

Hay una explosión de nuevas tecnologías. Estas crearán plataformas, compañías, herramientas y compañías de servicios. Observe el internet de las cosas (IoT), IA, aprendizaje de máquinas, robótica y drones, impresoras 3D, blockchain, CrispR, realidad aumentada y realidad virtual. Cada una de estas creará compañías que valgan billones.

Los Drs. Carl Benedikt Frey y Michael Osborne de la Universidad de Oxford estiman que el 47% de los trabajos pueden ser automatizados. Visita goo.gl/DdYWGK para una lista clasificada de las 702 ocupaciones en su investigación (p. 57-72).

Puede emprender en compañías para automatizar estos trabajos. Busque compañías donde todavía trabajen con papel. Escoja una ocupación, entreviste a la gente para buscar las ineficiencias y desarrolle una mejor solución. Encuentre el agujero y rellénelo.

El Buen Desarrollo Se Convierte En Viral

La distribución viral, el marketing viral y el efecto de las redes son palabras diferentes que significan lo mismo: la gente le dice a otros, quien le dice a otros y esto crecerá por sí mismo, lo que significa que será viral.

Hay dos tipos de viralidad:

- Viralidad emocional. Algo que apela al lado positivo o lado negativo de las emociones puede crecer muy rápido. Después de que alcance su clímax, colapsan rápidamente. Un ejemplo son Pokemon y Susan Boyle.

- Utilidad viral: Si resuelve un problema para el usuario, lo compartirá con amigos y cada amigo lo compartirá con otros amigos. Empieza despacio y crece rápido. Porque es útil, la gente lo usará durante un gran tiempo. El mejor ejemplo es el email.

Otro ejemplo viral que se basó en lo útil fue Dialpad. En 1998, Dialpad ofreció la primera conferencia gratuita a través de la red. Fue antes que Skype. Fue la página con el crecimiento más rápido en la historia y se convirtió en una de las páginas más visitadas en la web. Yo era el encargado del marketing digital en Dialpad. Nadie había visto un crecimiento viral y no sabíamos por qué estaba creciendo tan rápido. Creció porque permitió a la gente hablar a larga distancia en cualquier parte del mundo gratis.

Profesores en Stanford, Wharton, Copenhagen y otros lugares han estudiado por qué las cosas se convierten en virales. En mi blog, hay una colección de artículos de investigación académica en marketing viral (Visite goo.gl/WLWcWK).

Haga sus Productos Virales

Puede incrementar la viralidad si primero construye un producto que resuelva un problema.

A continuación, dígale a sus usuarios los beneficios lo más claro que pueda. No deje que lo averigüen o adivinen. Puede probar estos mensajes con Google *AdWords*.

Finalmente, facilite a sus clientes poder decírselo a otros. Añada opciones para compartir en Facebook, Twitter, entre otros. Haga una lista de clientes a los que les guste su producto. Envíe un boletín informativo mensual con un botón para compartir en un solo clic.

Reduzca cualquier barrera que no permita compartir. Los vídeos de gatos, entre otros, son virales porque solo tienes que copiar la URL del video en YouTube y compartirlo. Si los nuevos usuarios tuviesen que registrarse y confirmar su clave, pocos lo harían.

Puede incrementar la viralidad ofreciendo un cupón de referencia. Si el nuevo cliente se registra, obtiene el 10% de descuento. Usted puede utilizar "doble referencia" (sí, es un mal nombre) donde ambos, el remitente y el beneficiario, obtienen un cupón de referencia. Si yo le invito a utilizar Uber, usted obtiene un viaje gratis y yo también.

Los vídeos también trabajan bien. Grábese en un vídeo de 2-3 minutos con su producto que enseñe el beneficio al usuario. Súbalos a YouTube, su página web y a todas sus redes sociales.

¿Que Pasa si no se Hace Viral?

Si no se hace viral, sus usuarios no ven el valor en su producto. Utilice ventas y marketing. El Marketing convence a la gente para que compre cosas que no necesita.

¿De Verdad el Marketing Funciona?

Algunos dicen que el marketing no funciona. Amigos, sí funciona. El mercado del lujo existe gracias al marketing.

Si no puede hacer su producto viral, cuente con personas con experiencia en marketing. Pueden encontrar una audiencia y crear una demanda para su producto.

→ El marketing depende del país. Lo que puede se utilizado en un país a veces no es posible en otro. Por ejemplo, Google y Facebook funcionan en EE.UU. pero no en China. La tienda digital de Google tampoco funciona en China. En su lugar, existen tiendas de aplicaciones de terceros que conectan a los usuarios a través de redes sociales como WeChat, donde las tiendas han creado páginas que funcionan como revistas para hablar sobre videojuegos.

¿Que Hay de las Métricas y las KPL?

La métrica y KPIs no ayudarán en la etapa inicial de tu compañía. Necesita entrevistar clientes, encontrar problemas, desarrollar un soluciones y conseguir los primeros inversores.

→ Algunos inversores quieren reportes métricos semanales. No se dan cuenta que se puede tardar unas tres horas para preparar informes, una hora para enviarlos y otra hora para debatirlo. Hay solamente 100 horas de trabajo semanales, por lo que está gastando el 5% de su semana en algo que no agrega valor. Explíqueselo a su inversor y averigüe si acepta un reporte mensual.

Resumen

Es impresionante el número de compañías que fracasan porque los fundadores e inversores desarrollan un producto sin hablar con sus clientes. Piensan que conocen su mercado. Esto pasa muchas veces en Silicon Valley.

Hable con clientes potenciales. Pregúnteles qué hacen y qué problemas enfrentan. Están frustrados y se lo dirán. Esto le da la oportunidad de ofrecer soluciones.

El resto de su trabajo es muy fácil: resuelva el problema, desarrolle un prototipo y pruébelo para ver si en realidad resuelve el problema. Los inversores le ayudarán con su proyecto.

Estas soluciones funcionan porque encajan en un mercado existente. Solo arreglan el problema.

5: Desarrolle su producto

Startups Tradicionales

De 1960 a principios de 2010, las startups de Silicon Valley eran mini-compañías. ¿Qué significaba eso? Al principio de 1990, trabajé aproximadamente en tres docenas de nuevas empresas donde desarrollábamos startups: alquilábamos oficinas, preparábamos cubículos, contratábamos administradores de sistemas, comprábamos servidores, contratábamos vendedores, marketing, recepcionistas y servicios de recursos humanos. Hacíamos producciones, depósitos, marketing, ventas, distribución y transacciones. Había también mantenimiento, retornos, reparaciones, entre otras cosas más. De todo esto se encargaban de diez a veinte personas. Estas pequeñas compañías hacían las mismas funciones que una compañía grande por lo que nos mantenía ocupados. Todo esto empezó a cambiar en los últimos 2000.

Startups Delgadas como Experimento

Steve Blank escribió *The Four-Steps to the Epiphany* (2005) (Los Cuatro-Pasos para la Epifanía). Fue seguido por *The Lean Startup* (La Compañía Delgada) de Eric Ries en 2011. Steve Blank también escribió *The Startup Owner's Manual* (2012) (El Manual del Emprendedor).

Estos libros cambiaron como entendemos las compañías de Silicon Valley. Especificaron que una startup no debería ser como una compañía ya establecida. Una startup debería ser un proceso para descubrir si una idea puede convertirse en un negocio. Las startups en la etapa inicial deberían enfocarse en el desarrollo del producto. No deberían hacer actividades como marketing o ventas.

¿Es Teoría o en Realidad Funciona?

Los libros de Blank y Ries dicen que debería salir del edificio y hablar con los clientes, que es lo que hice al entrevistar a los fundadores.

➔ Entrevisté a fundadores para este libro. Pregunté acerca de la idea de las compañías delgadas y el libro de Eric Ries *Lean Startup*. Tres fundadores habían leído el libro. Dos lo habían ojeado. Algunos tenían el libro pero no lo habían leído. Muchos no sabían acerca de él. Muchos habían escuchado el concepto de compañías delgadas y lo podían describir en unas frases, que incluía principalmente MVP (Producto Mínimo Viable). La mayoría hizo varias entrevistas con clientes. La mayoría desarrolló y lanzó sus productos con el sentimiento de que funcionaría.

➔ Esto incluía compañías con financiación. Los inversores generalmente utilizan la estrategia de misiles Norcoreana: construye, lanza y reza. Algunos inversores investigaron, pero la mayoría no. Los inversores sintieron que la idea podía ser buena. Algunos inversores llevaron a cabo con la diligencia debida de los fundadores, pero no el producto o mercado. Sus investigaciones tradicionales se basan en un modo de búsqueda MBA del tamaño del mercado (ingresos, número de usuarios) y clasificación de los competidores.

➔ En general, los fundadores dijeron que los inversores no entendían o no les importaban las métricas. Solo les importaban las métricas para el crecimiento y las ganancias. Ignoraban las demás métricas. Otros no entendían el efecto de las redes. Unos pocos mencionaron que los informes de métricas mensuales aseguraban a los inversores que la compañía estaba manteniendo un seguimiento del progreso.

➔ Un fundador con muchos años de experiencia dijo que la mayoría de startups no intentan resolver problemas. Construyen algo y luego buscan qué puede solucionar o quien está dispuesto a pagar por sus servicios.

➔ Otro fundador conocía los diferentes libros de startups delgadas. Mencionó que trataron de aplicar los métodos pero no funcionaron. Desarrolla-mide-aprende no te da una dirección ni te dice que tienes que hacer. El peligro es que si empieza en la dirección equivocada, construye-mide-aprende le dejará optimizar en la dirección equivocada y una vez que se comienza un camino, es muy difícil salir de este.

➔ Muchos de los fundadores me dijeron que no habían leído ningún libro ni tenían una estrategia. Solo se lanzaron hacia ello. Los fundadores en su tercer o cuarto emprendimiento no lo pensaron una segunda vez. Tuvieron una idea desde los clientes y decidieron empezar. Algunos intentaron desarrollar con métricas, pero no pudieron ver cómo aplicarlo.

➔ Otro fundador está construyendo una plataforma. Hablamos acerca de startups delgadas y conocían el concepto, pero no lo aplicaban para ellos. Si usted está desarrollando una herramienta o aplicación, puede construir prototipos, probarlos con usuarios y obtener sugerencias. Pero para infraestructuras (digamos, un nuevo lenguaje de programación), no puede probar una herramienta parcial. Los usuarios tienen que entender la tecnología y sus aplicaciones antes de poder dar opiniones. Solo los desarrolladores con mucha experiencia pueden hacerlo.

➔ Varios fundadores mencionaron que en productos manufacturados o en dispositivos médicos, cada ciclo de producción puede durar de seis a doce meses y costar varios miles de dólares, por lo que no se puede intentar algo y luego desecharlo. También encontraron que no pudieron obtener buenas sugerencias de la mayoría de los usuarios acerca de productos complejos. Usted debería pasar semanas o meses con un grupo de expertos especialistas para obtener buenas sugerencias.

➔ Pregunté a varios fundadores acerca de métricas. Un fundador con diez años de experiencia que estaba en su tercera compañía financiada, admitió que hacía solamente seis meses que escuchó hablar de KPIs. Varios fundadores no utilizaron ninguna métrica. Confiaron en su experiencia y sus presentimientos.

➔ Un fundador dijo que las métricas funcionan muy bien para pequeños productos de software para web y teléfono, como videojuegos, porque obtienen muchos usuarios rápidamente, pueden obtener muchos datos y hacer cambios. Los videojuegos son un juego de números. Puede obtener datos, tráfico, retención, pagos, ingresos de cada usuario, entre otras cosas.

➔ Otro fundador me dijo que estaba utilizando KPIs para ventas, pero no para desarrollo. Su equipo había tratado de desarrollar KPIs para poder dar bonos por la calidad del código o por la velocidad de trabajo, pero no pudieron resolver este problema.

➔ Muchos de los fundadores novatos se sintieron abrumados al aprender cómo configurar todo, incluidos los cofundadores, hablando con clientes, desarrollando productos, constitución, abogados, financiación, entre otras cosas. No tenían tiempo para pruebas o métricas.

➔ Muchos de los fundadores dijeron que los libros de startups fueron generalmente escritos por exitosos y ricos fundadores ("Como me Convertí en Billonario en cuatro Días" o lo que sea) por lo que esos libros no hablan acerca de la realidad para todos los demás. Muchos de los fundadores experimentan un estado de frustración, dudas y aislamiento.

➡ En este sentido, muchos de los fundadores menores de 25 años dijeron que nunca leen libros. Ninguno. Leen blogs o escuchan podcast (lo que significa que pondré capítulos de este libro como artículos de blog y audio).

➡ También entrevisté a directores de aceleradoras. *Founders Space* ha alojado a alrededor de 1.300 startups en muchas disciplinas. Mencionaron que no hay una estrategia general para startups. Cada compañía es única y tiene sus propias situaciones para resolver. Depende del equipo, localización, tecnología, industria, entre otras cosas.

La idea principal de Blank y Ries es muy buena: las startups no son compañías minúsculas. Las startups son un proceso para descubrir un negocio viable. La idea de "salir de la oficina", significa aprender lo que el cliente hace en este momento, es también una buena idea. El resto no te ayuda mucho.

Desarrollo del Producto en Seis Puntos

Es muy fácil:

- Entrevista a tus clientes para encontrar los problemas que les cuestan tiempo y dinero (de esto hablamos en el siguiente capítulo).

- Escriba un guion gráfico del problema y solución.

- Convierte el guion gráfico en código.

- Enseñe a los inversores que los clientes tienen un problema y su solución les ahorrará tiempo y dinero. Te darán financiación para construir una compañía.

- Con la financiación en la mano, es cuando se preocupa por los asuntos jurídicos con abogados.

- Sus clientes le dirán a otros acerca de su producto porque les ahorra tiempo y dinero. Crecerá viralmente.

- Usted pasa de la etapa inicial a la etapa media de crecimiento donde se enfoca en hacer crecer el negocio, lo que significa que incorpora marketing y ventas, obtiene clientes y maneja ingresos.

Construya un equipo de fundadores que hable con los clientes para descubrir sus problemas y desarrollar productos que los resuelvan.

Qué es lo que Usted no Debería Hacer

No haga lo siguiente en la etapa inicial de su startup:

- No reúna un gran equipo. Cuando implementa producción, personal, marketing, ventas, clientes y burocracia, se vuelve difícil de cambiar. Esas actividades precisan tiempo y trabajo, lo que significa que no está desarrollando el producto.

- No persiga el crecimiento. Estará bajo mucha presión de los inversores para crecer. Las startups en la etapa inicial necesitan desarrollar el producto, no crecer.

- No persiga el dinero. Si atrae inversores solo por el dinero, quizá no tengan los mismos objetivos. Insistirán en ingresos y usuarios, lo que distraerá el desarrollo.

- No contrates a personas con MBAs para desarrollar la estrategia del negocio. Están formados para controlar grandes compañías. Aplicarán métodos para corporaciones grandes a tu startup de dos socios y un gato. Esto incluye métodos como perfiles de clientes, SWOT, análisis de mercado, desarrollo de negocio, cuadrantes y TAM (Mercado Total Direccionable). Esto distrae de lo que debería estar haciendo y crea una parálisis de análisis. Las startups en la etapa inicial evolucionan muy rápido por lpo que una estrategia de negocios de 60 páginas quedará obsoleta en una semana. (Por cierto, si los inversores quieren saber acerca del TAMl, haga una búsqueda rápida para "ingresos del 2019 en _____ (busca tu mercado)" y hágalos felices).

Puede hacer todo esto cuando haya desarrollado un gran producto. Venderá su compañía por $10m a una gran empresa y ellos traerán a alguien alto y canoso como CEO. Normalmente con un monosílabo en su primer nombre, seguido por una bola de patanes con MBAs de universidades muy reconocidas. Déjelos que destruyan la compañía. Coja sus $10m y emprenda su siguiente proyecto.

➜ Muchos fundadores me dijeron que tiene que ser capaz de desarrollar la tecnología por usted mismo. Esa es la única manera de entender su mercado y su producto. Desarrollando el producto a mano, desde el principio, verá cómo hacerlo mejor. En algunos casos, puede traer contratistas, pero tiene que entender qué es lo que hacen. Una startup contrató a otra compañía para construir su página web, plataforma de ventas y la base de datos. Después de tres meses, no tenían ventas. Contrataron un asesor de bases de datos quien revisó el código y descubrió que la base de datos era falsa. Ese error casi mató la startup.

→ Los fundadores también me dijeron que los inversores preguntan si usted puede desarrollar la tecnología. A uno le preguntaron, ¿Por qué ustedes son el equipo ideal para desarrollar la idea? Enseñe que tiene el conocimiento, el talento y la experiencia para hacerlo.

Hazte el Tonto. Y Pequeño

Como dijo Steve Job "hazte el tonto", debería mantenerse pequeño el máximo tiempo posible. Esto le permite desarrollar un producto mejor.

Cuando tu startup es solamente un grupo pequeño, puede "pivotar" rápidamente. Estoy trabajando con una compañía que giró sobre su eje tres veces en cuatro días.

Por cierto, "pivotar" es una palabra Francesa que significa "girar". Es solo una manera lujosa para decir que cambió de dirección.

→ Pivotar es una buena idea. Mientras, su equipo aprende más acerca de sus clientes y mercado, tendrá una gran variedad de ideas. Cuando tiene una idea mejor que su proyecto, cambie a ello. Las demás buenas ideas, guárdelas para su siguiente emprendimiento.

→ No tenga miedo en cambiar de dirección. Los emprendedores aman desarrollar productos. Dedican tiempo, emoción y trabajo en el producto y después de un tiempo, no quieren escuchar sugerencias. Dejan de escuchar.

→ Este es un problema común en aceleradoras: cuando muchas startups entran en una aceleradora, ya han recorrido el camino del desarrollo, por lo que el producto está configurado. Si no es la mejor idea o hay problemas, no quieren escuchar y es muy difícil pivotar. Al principio del proyecto, antes de que sea definido, hay más posibilidades para evolucionar. Cuanto menos se haya desarrollado, más oportunidad para mejorarlo.

Qué Construir

Las Grandes empresas prefieren no innovar o competir. Es más fácil vender un producto existente que genere ganancias. Los empleados solamente tienen que hacer el mismo trabajo diariamente. Mientras la empresa genere dinero, los empleados no cambiarán.

Los procesos son generalmente desarrollados hasta que estén listos para el mercado. Esto significa que hay muchas ineficiencias dentro de las compañías. Si descubre un proceso ineficiente y el costo es suficiente, puede desarrollar una solución.

Puede ser disruptivo o desarrollar algo nuevo brillante, pero es difícil y puede que no pase. Es más fácil resolver los problemas existentes. Las empresas comprarán su solución porque les ahorra tiempo y dinero. En la web, puede alcanzar un mercado global.

¿Hay un Mercado para su Producto?

El Ajuste de Producto y Mercado es una manera torpe de preguntar si el mercado comprará el producto.

Está bien hacer comida para perros para que los dueños la compren, pero los dueños no son tu audiencia. Los perros lo son. ¿Se comerán los perros la comida?

Parece obvio, pero construir un producto sin buscar el mercado es común. La gente en Silicon Valley es muy lista y piensa que sabe lo que el mercado quiere. "Constrúyelo y vendrán" a veces funciona, pero lo más probable es que no. *Webvan*, *Iridium* y muchos más fueron desastres de billones de dólares.

CBInsight investigó en 101 compañías fracasadas y encontró que la causa principal del fracaso era que no había necesidad del producto en el mercado (42%), quedarse sin fondos (29%) y no tener el equipo adecuado (23%). Quedarse sin fondos es consecuencia de no existir una necesidad en el mercado, un producto inadecuado o un fallo en la evolución.

➜ Muchas startups no validan su negocio antes de empezar a desarrollarlo. Se emocionan con la idea de emprender una startup y empiezan a desarrollar. Después de seis meses de desarrollo, están listos para las ventas y descubren que no hay un mercado.

➜ No entre en un mercado donde una compañía establecida le pueda detener. Los fundadores hablaron de compañías de aplicaciones de teléfono que al principio fueron aceptadas por Apple y Google, pero un año después fueron rechazadas sin aviso. O una de las corporaciones grandes saca una versión gratis o agrega una nueva función que hace lo mismo que la que has desarrollado. Si tu app es una buena idea, otros desarrolladores construirán copias gratis con publicidad. O las principales redes sociales cambian con frecuencia y tendrás que actualizar tu código.

➜ Un inversor me dijo que las startups no mueren por sí mismas. Son destruidas por los fundadores que no van a trabajar duro, que no quieran aprender o el fundador comete errores fatales como desarrollar productos sin un mercado.

Resumen: ¿Qué Hay con la Portada?

Fui a la librerías, a los estantes de revistas y a la biblioteca, y vi cientos de imágenes. Miré más imágenes en internet. Miré las portadas de los libros en Amazon. Obtuvimos unos quince diseños para la portada de este libro.

Tiene que ser algo que hable acerca de las startups, pero ¿Qué imagen te llega a la mente cuando piensas en emprendimiento? ¿Muchas personas trabajando en una pequeña oficina? Las startups ya no se crean en pequeñas oficinas. Todos trabajan desde casa.

¿Un dibujo de alguien en un ordenador con un gato sobre las piernas? Recibiré muchos correos electrónicos de odio por parte de amantes de perros, aves, hurones y pulpos. (Sí, esto pasa. Una vez dibujé una caricatura de una niña abeja. Alguien me escribió un correo electrónico enfadado porque era sexismo anti masculino.)

Muchas de las portadas eran muy profesionales, como hechas por IBM, pero cuando se las enseñé a los fundadores veinteañeros, me comentaron que parecían hechas por IBM.

¿Qué son las startups? Usted empieza algo que solamente algunas personas entienden y cambia una y otra vez. Creatividad caótica. Por eso empecé a mirar el expresionismo abstracto.

Qué hay de las letras de la portada? Una startup no es una cosa; el producto es una cosa. Usted no ve la compañía; usted ve el producto. Por eso los turistas se decepcionan cuando visitan Silicon Valley; no hay nada que ver. Por eso corté las letras para hacer agujeros.

Quizá esto tenga sentido para usted. Quizá no. En cualquier caso. Pase la página.

6: Las Cosas Legales

El resto de este libro es sobre cosas legales, financiación, contabilidad, finanzas, entre cosas más. Sí, cosas aburridas.

Debería dedicarle el mínimo tiempo posible. No se quede atascado con esto. Enfóquese en conocer a sus clientes y construir un gran producto.

Debe arreglar los asuntos legales antes de obtener financiación. Entonces… abogados primero, seguido por dinero (normalmente es lo contrario).

Para resumir este capítulo en una frase, implementa su compañía para poder dar stock a su equipo, los inversores le dan dinero y usted puede vender su compañía.

Todos los números de este capítulo son solo ejemplos. Hasta los números de las páginas son ejemplos. Todos los números de dinero son en dólares. Sus números actuales pueden ser diferentes.

Primero, una Palabra de mi Abogado y Mi Gato

Este capítulo no es consejo legal. Yo no soy abogado. Le estoy dando una visión general de algunas acciones legales para los fundadores de startups. No seré responsable por ninguna pérdida, incluida, sin limitación, pérdida o daño indirecto o consecuente. Esta información puede que no sea correcta, completa, o actualizada. Hable con su abogado.

No le pregunte a mi gato por consejos legales. No es un abogado. Es un gato.

Cómo Escoger un Abogado

La primera pregunta es qué tipo de abogado quiere? Uno de los grandes nombres como Wilson Sonsini o Fenwick & West, o alguien no tan reconocido?

Le dará prestigio si su abogado es de los más reconocidos. Ellos tratan con los más grandes, como Google, Facebook, entre otros. También tienen altas tarifas, $1.000 por hora o más. Usted obtendrá uno de estos abogados cuando tenga una valoración de un billón de dólares. Pero su startup conseguirá a un recién graduado de la escuela de leyes.

Los abogados no tan reconocidos cobran menos, pero tienen experiencia para hacer el trabajo. En empresas de uno o dos abogados, ellos mismos representarán tu caso.

Usted necesita un abogado que trabaje con emprendedores y sus startups. Él o ella debería estar familiarizado con los contratos de incorporación, asignación de acciones, inversores, contratos y propiedad intelectual como derechos de autor, marca registrada y patentes. Su representante también debe saber de impuestos.

Un abogado con experiencia también tiene contactos con otros abogados, inversores de capital, acotadores y más fundadores. Conozco abogados que representan a más de 120 compañías.

Usted no puede contratar a un abogado que trate con seguros médicos o cosas por el estilo. No conocen el mundo de las startups. Busque un abogado que entienda la etapa inicial de una startup.

Casi todos los abogados de SV hablarán con usted gratis la primera hora. Asegúrese que la primera consulta sea gratis.

Muchas veces puedes pagar gastos legales con acciones. O algunos abogados pueden diferir los gastos, lo que significa que puede pagar cuando tenga dinero. Sin embargo le cobraran más. Es mejor pagar una factura pequeña ahora en vez de pagar una más grande luego.

¿Entonces cómo se encuentra a un abogado? Como todo lo demás en este libro, hable con sus contactos. Le recomendarán a alguien de confianza.

➔ Asegúrese que estén cobrando por trabajo hecho. Un abogado invitó a un fundador a tomar café en su oficina. Conversaron durante una hora. El abogado le envió un recibo de $400. Eso provocó una discusión.

Abogados Fuera de Silicon Valley

El problema principal con abogados de fuera de SV es su falta de experiencia con startups y sus pocos o cero contactos con Silicon Valley. Además le encaminarán a construir una compañía grande.

No importa donde esté en el mundo, puede trabajar con abogados de Silicon Valley. Se sienten cómodos con comunicándose por medio de textos de teléfono, correos electrónicos y Skype. Se levantan temprano por la mañana para hablar con personas en Europa y se quedan despiertos hasta tarde para hablar con personas de China e India.

Esta bien si vives en Alemania, España, o China. Puede hacer todo el papeleo por correo electrónico o Skype. Puede firmar todos sus documentos a través de internet desde su país. También le pueden ayudar con asuntos de visados y como tratar con impuestos si está en Francia o en Corea del Sur.

Usted puede venir a Silicon Valley, conocer a su abogado una o dos veces y después utilizar Skype o correo electrónico.

→ Varios de los fundadores Europeos me dijeron que quedaron impresionados cuando conocieron a los abogados de SV. Los abogados europeos son rígidos y formales. Los abogados de SV son extrovertidos y abiertos.

Bueno, ¿Debería Incorporarse?

¿Entonces por qué no se incorpora? Tradicionalmente, era por responsabilidad. Si usted vendía chocolate caliente y alguien compraba una taza y se lo echaba en la cabeza, la persona podría demandarle (es por esto que el sistema americano es muy bueno: cualquier idiota puede demandar por cualquier cosa).

Si usted tiene un coche, una casa y un perro y ella gana, ella obtendrá el coche, la casa y el perro. Adiós Rover, sé un buen perro. Y muérdele.

Entonces usted se incorpora, lo que significa que organiza una estructura legal que es dueña de su compañía de chocolate caliente. Todo lo que ella puede obtener es lo que es parte de la estructura legal (una bicicleta para repartir el chocolate caliente) pero no puede obtener su casa o su perro. Incorporarse protege su propiedad personal en contra de las demandas.

Sin embargo, esto no es relevante para startups en la etapa inicial. Si usted hace esto en su casa, entonces no habrá visitantes que se tropiecen en el aparcamiento y se rompan la nariz, o se echen chocolate caliente en sus cabezas. Hay pocas probabilidades de un accidente.

Las startups tienen un problema diferente, lo más común son los inversores y los compradores. Los inversores prefieren invertir su dinero en una corporación en vez de en tu hucha. Los compradores se adueñan de las corporaciones que tienen propiedad intelectual. Lo que significa que usted incorpora su compañía para inversores y compradores.

No te apresures a incorporar. No necesita incorporar en su primer día. Enfoque varios meses para entrevistar a clientes y para desarrollar el producto. Cuando alguien esté listo para invertir, puede incorporar su startup en cinco días.

Puede empezar con un apretón de manos. Si confían uno en el otro, está bien. Muchas startup se basan en un apretón de manos en los primeros meses.

Quizá el ejemplo perfecto de esto es cuando Andy Bechtolsheim, cofundador de SUN, le dio a Larry Page y Sergey Brin un cheque de $100,000. No lo podían utilizar porque no tenían una cuenta de negocios en el banco o una corporación.

Pero si no existe esa confianza entre ustedes, entonces deberían escribir un acuerdo en papel. El equipo quizá se desintegre pero algunos continuarán desarrollando la idea, o algunos pensarán que quizá lo puedan hacer sin usted y le roban la idea. Esto ha pasado en algunas compañías, incluyendo Facebook y Twitter. Hable con un abogado y obtenga un acuerdo básico para proteger su idea y su IP (propiedad intelectual).

Cómo Incorporar

Si esta es su primera compañía, debería trabajar con un abogado. Le ahorrará tiempo y se puede enfocar en las cosas importantes. Después de que haya hecho esto algunas veces, podrá incorporarse con servicios en línea como Nolo o Clerky. Sus páginas web tienen muchas preguntas frecuentes.

Hay cuatro tipos de corporaciones. La diferencia se encuentra en los impuestos.

- Corporación C: La categoría C obtiene ingresos y paga los impuestos, no a los dueños.

- Corporación S: En la categoría S los ingresos pasas a través de la corporación y va hacia los dueños; los dueños pagan los impuestos. Por eso esta categoría es llamada entidades de paso.

- LLC: Compañías de responsabilidad limitada: Es de la categoría S para socios. También ofrece protección limitada de deudas.

- PLLC: Compañía de Deuda Limitada para Profesionales (PLLC): Estas son corporaciones para socios profesionales como doctores y abogados.

Usted puede incorporarse en cualquiera de los 50 estados de los EEUU: California, Alabama, donde sea. Sin embargo… casi toda las compañías de Silicon Valley se incorporan en Delaware. Los jueces de las cortes de corporación de Delaware son expertos en leyes de corporación. Además, las leyes de Delaware se enseñan en muchas de la escuelas de leyes en los EEUU, por eso los abogados están familiarizados con las leyes de Delaware.

Entonces usted establece una corporación C en Delaware. Si usted utiliza otro estado, quizá tenga problemas. Los inversores y compradores no estarán familiarizados con esas leyes. Lo que significa que no invertirán.

Todos cometemos errores. Mark Zuckerberg incorporó Facebook en Florida porque no conocía nada mejor.

Cuesta aproximadamente $1.500 a $2.000 para incorporar con un abogado. Son solamente $500 para incorporar en línea pero le sugiero que trabaje con un abogado. Usted obtiene el beneficio de la experiencia del abogado y sus contactos. Los abogados de SV tienen 80-100 compañías como clientes, lo que les da muchos contactos en startups, asesores, mesas directivas, clientes y compañías que puedan comprar tu startup. Hable con sus asesores para encontrar a un abogado.

Cuando los inversores quieran darle dinero o cuando venda su compañía, los otros abogados querrán copias de incorporación. Debería hacer copias y mantenerlas en dos localizaciones en caso de que su casa se queme.

Usted Hará Una Junta Ejecutiva

Usted será notificado por Delaware cuando aprueben su corporación. Entonces hace una junta directiva con los directores. Estas deben ser las personas que tomen las decisiones para la corporación.

Esto es un pequeño tecnicismo legal. Póngase usted y dos cofundadores en la mesa directiva. Eso es todo.

De alguna manera, una corporación es como un cuerpo en coma. El cuerpo está en la cama del hospital y otras personas toman las decisiones por el cuerpo. Eso es lo que significa "corporación"; es un cuerpo que es manejado por otros, principalmente por la mesa directiva.

Usted decide quién está en la mesa de la compañía. Como el fundador original, usted es el director de la mesa directiva. Usted agrega a otras personas. Estos pueden ser sus cofundadores, asesores, o personas en quien confía para tomar decisiones.

Debería tener un número impar en la mesa, como tres o cinco para que no haya empates cuando tomen decisiones. más de cinco ya son demasiados.

No añada amigos o a su gato a la mesa. No haga cosas que luego tendrá que deshacer por los inversores o los compradores.

Usted puede tener sus juntas directivas en persona o por Skype.

Usted deberá mantener registros de la junta. Esto incluye fecha, hora, localización, quien está presente y que se dice o se hace.

Su abogado puede (y debería) atender sus juntas directivas, pero no debería ser un miembro de la mesa.

➜ Asegúrese que tenga miembros que voten en su favor, no importa la situación. Nosotros trabajamos con una startup donde Jenny emprendió una compañía y la construyó a mano durante seis meses. Jenny decidió incluir a su mejor amiga y con buenas intenciones, repartió la compañía 50/50. Seis meses después, la compañía creció a nivel nacional y el marido de su mejor amiga, quien trabajaba en ventas corporativas, decidió integrarse al equipo. Jenny distribuyó la compañía en partes iguales (33/33/33). Puede imaginarse lo que pasó. La mejor amiga y el marido convocaron una junta ejecutiva y votaron para echar a Jenny de la compañía.

La Mesa Ejecutiva Asignará los Oficiales de la Compañía

La mesa directiva también escoge a los oficiales de la compañía. Estas son las personas que hacen el trabajo día-a-día en la compañía.

Como director de la mesa, usted se asigna ser el CEO. Otros se convierten en CTO, CFO, entre otra cosas. Pero estos títulos no significan mucho en una compañía que se encuentra en la etapa semilla.

La mesa de directores y los oficiales pueden ser las mismas o diferente personas.

La Mesa Ejecutiva Crea las Acciones

La siguiente tarea en la agenda de la mesa directiva es emitir acciones de la compañía. Esto significa que crean acciones. Igual que una fotocopiadora fuera de control, pueden crear acciones de la nada.

Usted decide cuantas acciones tendrá su corporación. Puede decir mil, un millón, diez millones, o diez billones. O 342. Cualquier cantidad que quiera. Generalmente, son un millón de acciones, pero depende de usted.

Usted también decide el precio de sus acciones. Puede decidir que el precio de sus acciones cueste $0.01 (un centavo), diez centavos, un dólar, o lo que usted quiera.

Sin embargo, si crea un millón de acciones a un precio de $0.01 por cada una, el valor de su compañía es $10.000 (un millón X $0.01 = $10.000) lo quel significa que tiene que pagar impuestos sobre esto.

Para reducir los impuestos, puede elegir el precio de $0.0001 (tres ceros). El valor del millón de acciones de su compañía es ahora $100 y los impuestos serán bajos.

El valor de sus acciones $0.0001 es el precio nominal normal.

En este momento, las acciones le pertenecen a la corporación. Lo siguiente que debe hacer la mesa directiva es asignar estas acciones.

La Mesa Distribuye las Acciones

La mesa directiva decide cuantas acciones recibe cada persona.

Mientras escribía este libro, hablé con varios fundadores de compañías y recibí varias respuestas. Lo siguiente es lo que a mí me parece ser una solución aceptable. Puede cambiar esto a lo que usted y a sus cofundadores les guste.

Generalmente, las startups utilizan el reparto de 80/20. 80% de las acciones se las quedan los fundadores y el 20% se dirige hacia una fuente de opciones.

Los fundadores se reparten el 80% igualmente entre ellos. Digamos que hay tres fundadores. Usted puede hacer cualquier tipo de reparto, como 55% para usted; 20% para Laura; y 5% para Xiao Ping. Pero los inversores preguntarán si Laura es cuatro veces mejor que Xiao Ping. ¿Y qué hay de Xiao Ping y Laura? ¿Cree que estarán felices de que tenga el 55%? Si sus cofundadores son importantes y todos comparten el trabajo, debería repartir las acciones igualmente para que cada quien tenga un tercio del 80%, el 26.66% para cada uno.

El 20% restante, está en la fuente de opciones, son acciones que usted dará a sus asesores, empleados, contratistas, y otros. Para los asesores, podrá tener diferentes categorías:

- Asesores principales que se encuentra activamente envueltos en dirigir la compañía. Pueden obtener un 1 a 2%.

- Asesores Expertos, quien generalmente son expertos en un tema (ingeniería, marketing, entre otras cosas). Deles un 0.25% (un cuarto de una acción).

- Asesores de nombre son personas conocidas que quedan bien en su página web. Puede darles un 0.1% de las acciones.

Si usted crea diez millones de acciones, 1% es 100.000 acciones, entonces 0.25% son 25.000 acciones y 0.1% son 10.000 acciones.

Puede pagar a los contratistas en dinero o acciones. Al principio, puede reducir gastos si paga con acciones. Pero quizá esté sobre pagando. Si usted le da a alguien 10.000 acciones por hacer un logotipo y vende la compañía en $10m, entonces diez millones de acciones equivalen a un dólar por acción, lo que significa que el logo le costó $10.000. Pudo haber comprado un logo por menos de $100.

El contratista debería considerar un cobro aplazado como una inversión en su compañía. Si su factura es de $5.000 y acepta acciones, él está corriendo un riesgo serio de que quizá no le pague nada, entonces él deberá esperar una ganancia de 10X en su inversión. Lo que significa que obtendrá $50.000. Sin embargo, si la compañía fracasa, no obtendrá nada. Como Yogi Berra dijo, es más fácil saber el futuro después de que pase.

No le de acciones a sus amigos. Suena bien dar 100 acciones a cada seguidor de su página de Facebook, pero si usted tiene más de 250 titulares con acciones, cae en otra categoría diferente de impuestos de SEC. Puede que pague un 40% de impuestos en regalos.

Asegúrese que el contrato de su compañía asigne las acciones no repartidas de vuelta a los fundadores cuando haya una salida. De otra manera, los VCs lo tomarán para ellos.

→ Todos los cofundadores deberán saber cómo las acciones fueron repartidas. Si el fundador mantiene en secreto que le dio 5% a alguien y un 20% a alguien más, saldrá a la luz y causará problemas.

→ Al igual, los cofundadores (y todos los demás, incluyendo asesores, empleados y contratistas) deberían saber la cantidad de acciones y el porcentaje de la compañía. Suena bien obtener 1.000 acciones, pero si la compañía tiene diez millones de acciones, eso es el 0.01%. Usted necesita saber el total y el porcentaje. Debería obtener esto por escrito y mantenerlo en un lugar seguro. Alguna compañías han mentido a sus empleados sobre esto.

Acciones Restringidas y Opciones

Hay dos clases de acciones:

- Acciones Restringidas: Cuando Rebecca se une a la compañía como cofundador, obtiene acciones restringidas. Se llama "restringido" porque tiene restricciones, como la adquisición o no poder ser transferidas.

- Acciones de Opción: Cuando Olivia se une a la compañía como una empleada, obtiene opciones sobre las acciones.

Hagamos un ejemplo por cada uno de estos:

- Rebeca se integra en la compañía como cofundadora. Para hacerlo más fácil, digamos que ella obtiene el 10%. La compañía tiene diez millones de acciones, entonces ella obtendrá una millón de acciones restringidas.

- Rebeca obtiene sus acciones en el valor nominal. Puede decir que obtiene sus acciones en este valor.

- El valor nominal es $0.0001 por acción, que son $100 (un millón de acciones X $0.0001 por acción = $100). Ella da un cheque de $100 a la compañía y la compañía le da su millón de acciones.

- Sin embargo, sus acciones son restringidas, lo que significa que hay condiciones, como adquisición de derechos. Si ella viola las condiciones, pierde sus acciones.

- Como los cofundador proveen cheques a tu corporación, las acciones obtendrán valor verdadero.

Esto puede ser una gran oferta para Rebecca. Si la compañía se vende por diez millones, las acciones incrementarán en valor de un dólar por acción. Ella pagó $0.0001 por una acción que ahora vale $1. Su inversión de $100 se convirtió en $1m. Ese es su bono por integrarse temprano en la compañía.

¿Qué hay sobre acciones para empleados y asesores?

- Olivia se une a la compañía como empleada. Se le da la opción de comprar 10.000 acciones. La compañía tiene diez millones de acciones, significa que 10.000 acciones equivalen 0.01% de la compañía.

- El día que ella se integra, el valor de las acciones de la compañía valen $0.25, entonces su valor inicial es $0.25. Conforme la compañía obtiene inversiones de más inversores y las ganancias de la compañía incrementan, la valoración de las acciones de Olivia y de la compañía aumentan. El valor incrementa de $0.25 a $2 por acción. Las acciones de Olivia ahora equivalen a $20.000.

- Pero Olivia tiene opciones de comprar sus acciones, lo quel significa que todavía no es dueña de las acciones. Para "ejercitar sus opciones", compra sus acciones. Paga $0.25 por las acciones que valen $2. Si ella ejercita todas sus opciones, paga $500 y obtiene $20.000 en acciones.

Las acciones restringidas y acciones opcionales utilizan un calendario de consolidación. Esto significa que usted obtiene parte de sus acciones al final del mes o trimestre.

Porque las compañía Utilizan Consolidaciones

Ya sean acciones restringidas para cofundadores o acciones de opción para los empleados y asesores, usted obtiene acciones en un calendario de consolidación. Veamos qué significa esto.

Las startups utilizan el método de consolidación para asegurarse que el equipo siga trabajando. Si la compañía le da a Olivia el 100% de sus acciones en el primer día, ella sabrá muy pronto que no tiene que hacer nada. Esto es lo mismo si usted contrata a alguien y le da el 100% de su salario anual en el primer día. Suerte si quiere que se presente el segundo día!

Por eso es necesario que todos en la compañía, fundadores, equipo y asesores, estén en un calendario de consolidación.

Por ejemplo, un calendario de cuatro años de consolidación puede ser 25% en el primer año y lo restante se puede distribuir mensual o trimestralmente. Veamos qué significa eso.

Los horarios de consolidación pueden ser de un año, dos años, cuatro años, o más. Generalmente, son cuatro años en Silicon Valley. Los otros modelos también son posibles, como un calendario de un año entre otros, pero el inversor no estará de acuerdo con eso. Ellos quieren un calendario de cuatro años porque quieren mantenerle en la compañía.

Los calendarios de consolidación pueden ser mensual o trimestralmente. En el siguiente ejemplo, utilizaremos un calendario mensualmente.

Rebecca es una cofundadora con acciones restringidas. Su calendario de consolidación es 25% el primer año con el restante de las acciones en los siguientes tres años, esto es un total de cuatro años. Digamos que ella se integra en la compañía como cofundadora el uno de Septiembre, 2016, su calendario de consolidación es un año completo el dos de Septiembre del 2017. Cuando ella se integró en la compañía, pagó por sus acciones lo que significa que son suyas. El 2 de Septiembre de 2017, ella obtiene el 25% de sus acciones.

Si la compañía, utiliza un calendario mensualmente de consolidación, el último día de cada mes después de su día de consolidación, ella obtiene más acciones. Veinte meses multiplicado por tres años es 36 meses, entonces cada mes, ella obtiene 1/36 de su parte. 750.000 acciones divido por 36 meses son 20.833 acciones por mes.

Olivia es una empleada con opciones de acciones. Su calendario de consolidación es 25% durante el primer año con tres años restantes. Ella entra como empleada a la compañía el uno de Septiembre, 2016, lo que significa que su calendario de consolidación es un año entero el dos de Septiembre del 2017. En ese día, ella puede ejercer su opción (utilizar sus derechos) de comprar el 25% de sus acciones o las puede dejar ahí para más tarde comprarlas. Le da un cheque de $25 a la contable de la compañía y obtiene un recibo por sus 2.500 acciones. Puede mantener sus acciones o le puede preguntar al corredor de bolsas que las venda por ella.

En el último día de cada mes después de su dia de consolidación, ella tiene la opción de comprar más acciones del 75% que le resta. Doce meses multiplicado por tres años son 36 meses, es decir que cada mes, ella puede comprar 1/36 de sus acciones. 7.500 dividido por 36 meses son 208 acciones por mes.

Olivia puede pagar cada mes. Ella también puede salirse después de cuatro años y tener tiempo adicional para ejercitar sus opciones (comprar sus acciones). Algunas compañías le dan 90 días; otras compañías quizá le den varios años. Cuanto más el tiempo, mejor para ella.

Las opciones de Olivia tienen un fecha límite. Si hay una expiración de cinco años, luego debe comprar sus acciones dentro de los cinco años posteriores a su total adjudicación o perder el derecho a comprar sus opciones.

Unos años después, Emily se integra a la compañía como empleada y recibe 1.000 acciones en $10. Las acciones incrementan al valor de $20. Si ella compra sus acciones, tendrá que pagar $100.000 (10.000 X $10) pero no tiene ese dinero. No hay problema. El corredor de bolsa de la compañía primero vende sus acciones por $200.000, luego deduce $100.000 y le da los otros $100.00 (menos impuestos). Esto le permite ejercitar sus opciones sin tener dinero en efectivo.

La Forma 83 (b) (The 83 (b) Election)

Conforme la compañía crezca, la valoración incrementa y las acciones de su fundador son más valiosas. Usted se vuelve más rico, lo que significa que deberá pagar impuestos. Pero todavía no ha vendido la compañía por lo que es rico en teoría pero no tiene dinero para pagar los impuestos.

Si su compañía está en los EEUU, puede prevenir impuestos llenando el formulario 83 (b) (en ingles, el "83 (b) Election"). Es una carta que envía al IRS tan solo 30 días después de haber recibido sus acciones. Utilice la comprobación del mail que envió para certificar que lo hizo. Su abogado le ayudará con esto.

Si su compañía está en otro país, deberá confirmar con las leyes de su país. Hable con un abogado de impuestos que tenga experiencia con startups e impuestos.

¿Qué hay de los Salarios para Fundadores?

Al principio, no hay dinero. Cuando atraigas a inversores, los cofundadores pueden recibir un salario. Es generalmente muy bajo.

La meta es la salida, donde usted puede hacer millones de dólares.

¿Por qué los fundadores reciben ganancias grandes? Porque ellos corrieron un gran riesgo. Trabajan muy duro durante varios años y no obtienen nada. También hacen un trabajo creativo e innovador y no obtienen nada. No solamente son empleados.

Primer Desencadenante y Desencadenante Doble

Un desencadenante es un evento que empieza una cláusula legal. Por ejemplo, si la compañía se vende, entonces el calendario de consolidación de Laura es acelerado y obtiene un 100% de sus acciones. Los Eventos desencadenantes pueden ser la venta de la compañía, una OPI, o ella se sale de la compañía, voluntariamente (renuncia) o involuntariamente (despedida).

Si el evento es la venta de la compañía, entonces este en un desencadenamiento singular. Esto recompensa la contribución que aportó hacia el éxito.

Sin embargo, el comprador puede comprar la compañía y deshacerse de las personas que no quieren. Este es un evento de doble desencadenante (comprar y despedir) entonces se utiliza la ruta de doble desencadenante. La compañía se vende y ella es despedida dentro de un marco de tiempo, quizá 9-24 meses después la venta. Si es despedida en este tiempo, ella percibe sus acciones. Esto la protege de VCs.

Quizá habrá también una ventana de clausura (como de tres a seis meses antes de la venta) para prevenir despidos. Una compañía sabe que será vendida, entonces los VCs despiden a la gente pronto para quitarles sus acciones. Esas acciones por supuesto se las quedan los VCs.

Estos desencadenantes deberían cubrir a los cofundadores y asesores. Cuando usted agrega empleados, deberían ser cubiertos también por desencadenantes dobles.

Qué Puede Salir Mal

Muchas cosas pueden ir mal. Las personas claves se van, usted malinterpreta al cliente, la compañía no entrega, un competidor desarrolla un mejor producto, los inversores no te ofrecen más dinero, la economía choca, o un monstruo marino se come tu oficina en San Francisco. La compañía falla y las acciones no valen nada.

Patentes, Derechos de Autor y Marcas Registradas

Su propiedad intelectual (IP) incluye patentes, derechos de autor, marcas registradas, entre otras cosas.

Al principio, usted cambiará de rumbo varias veces o quizá renuncie a la idea, por eso es mejor esperar hasta que el bebé pueda caminar.

Cuando usted tenga una idea, puede optar por una patente provisional. Es como reservar su idea temporalmente. Los cargos empiezan en $65 y es muy fácil hacerlo. Después tiene un año para decidir si quiere hacerlo.

Su abogado puede ayudarlo con esto o lo puede poner en contacto con un abogado especializado.

Una patente EEUU cuesta alrededor de $5.000. Algunos abogados, sin embargo, podrán cobrarle más. No pague eso.

Pueda considerar patentar en otros países. Su abogado puede recomendarle un abogado extranjero.

Documentos Legales y Contratos

Los contratos con frases como *el partido de la primera parte* son pretenciosos. Si no lo puede entender, devuélvalo y pídalo en palabras sencillas. Afortunadamente, los abogados jóvenes también prefieren un lenguaje claro.

Finalmente, un contrato no vale mucho. Cualquier abogado le dirá que un contrato de 100 páginas no vale nada si la otra persona se quiere aprovechar. Si no cree a la otra persona, no haga negocios con él.

Resumen

Necesitará entender los trámites legales para no cometer errores. La mejor solución es contratar a un abogado con experiencia que esté de su lado. Hable con los fundadores quien han emprendido varias compañías para encontrar un abogado.

7: De Inversores y Financiación

Aprendamos ahora de inversores y financiación. Hablemos de dinero.

Este es uno de los capítulos más grandes en el libro porque cubre algo de lo que las personas no quieren hablar. El dinero es uno de los problemas en la sociedad moderna pero también es algo considerado como tabú. La financiación es una parte importante de Silicon Valley, sin embargo la gente sabe muy poco acerca de capital de riesgo, VCs, donde obtener el dinero y cómo trabajan. Miremos las consecuencias para tu startup.

Primero, ¿De Verdad Necesita el Dinero?

Muchas personas asumen que su compañía tiene que recaudar dinero. Hay varios beneficios si consigue financiación:

- La financiación le deja crecer más rápido. Usted puede gastar varios años en crecer lentamente o puede obtener un empujón y crecer más rápido.

- Usted puede pagar sus recibos, pagar su hipoteca y comprar algo de comida.

- Validación. Si alguien invierte en su compañía, otros pensarán que tu idea es buena. De cualquier manera, sí, es validación, pero en un sentido más amplio, no es validación. Los VCs invierten en muchas compañías por varias razones (es un buen proyecto, ellos están apostando en muchos proyectos, no saben lo que están haciendo, entre otras cosas). La validación perfecta viene cuando los clientes compren su producto.

- Experiencia y contactos: El inversor quiere que su compañía crezca, por ello compartirá contactos y experiencia con usted.

La financiación también atrae problemas:

- Es el dinero de los inversores y quieren mantener un ojo en ello, por eso le supervisarán. Le darán horarios y fechas límites.

- ¿Tiene cinco inversores? tiene cinco jefes. Le dirán que hacer. Algunos inversores le insistirán para que contrate a su sobrino holgazán.

- Los inversores quieren crecimiento por lo que le presionarán con las ventas, lo que significa que necesitará no solamente desarrollar estrategias si no también contratar personal en marketing y ventas. Usted tendrá que dirigir campañas, conseguir una oficina y mucho más. Todo esto le quita la atención sobre el desarrollo del producto.

- Cuanto más dinero recaude, menor será la porción que a usted le pertenezca y será mucho menos lo que obtenga cuando decida vender su compañía.

- Cuando usted tenga demasiado dinero, resuelve los problemas con el dinero que tiene al alcance. Muchas de las startups hacen esto hasta que se quedan sin dinero.

Si no necesita dinero de inversores, no lo coja.

Las startups pequeñas deben resolver problemas. Si estas no tienen dinero, se vuelven creativas. Cuando Google consistía en pocas personas y sin dinero, construyeron sus propios servidores. Compraban ordenadores baratos y utilizaban Linux, que es gratis.

Después de que construya su primera compañía exitosa y pueda funcionar con un poco más de dinero, puede financiar sus propios proyectos.

➜ Varios fundadores construyeron sus propias compañías sin financiación alguna. Esto significó que no tenían ninguna presión externa de inversores para crecer o generar ganancias.

Financiación Estilo Pajarito

Usted está investigando su idea en los primeros meses de su compañía. no tiene nada para mostrar a los inversores (entonces no obtendrá dinero) y no tiene nada que vender (entonces tampoco obtendrá dinero).

Por lo que debe de ser tan barato como pueda. Cada dólar que ahorre es menos la cantidad de su compañía que vende. Gaste lo mínimo posible.

- Si es joven, puede vivir en casa con sus padres. Si tiene pareja o está casado, él o ella pueden ayudarle por un tiempo.

- Utilice programas gratis. Microsoft y Google le darán casi todo gratis.

- No se incorpore o contrate abogados o contables. Haga esto cuando tenga dinero. Puede escribir un acuerdo corto con su equipo mientras tanto.

- Pagar cuentas con acciones suena bien, pero estará sobre pagando. En vez de $100 hoy, usted pagará $1000 el día de mañana. Pague hoy lo mínimo posible.

- Si hay gastos antes de que se incorpore, son préstamos a la compañía. Todos deberían mantener los recibos de viajes, comidas, costos, entre otras cosas. Después de obtener financiación, puede ser reembolsado.

Entreviste a sus clientes. Desarrolle su idea. Trabaje con sus asesores. Si puede demostrar un modelo de negocios viable, puede obtener financiación y moverse al siguiente paso.

→ Gaste lo mínimo posible. Cuanto más efectivo tenga, más opciones tiene al alcance, tendrá una pasarela más larga y más opciones de pivotar. Al no estar desesperado por el dinero, obtendrá mejores términos.

→ Unos años atrás, varios inversores utilizaron millones de dólares para financiar startups en India. Tenían dinero, construyeron compañías tradicionales con grandes infraestructuras, gran cantidad de personal y se enfocaron en el crecimiento y las ganancias. Algunos años después, habían desaparecido. En India y mercados similares, tiene que empezar pequeño, descubrir qué es lo que funciona y sobrevivir a los errores para construir compañías sostenibles.

→ Mucho de los fundadores son veinteañeros y regresan a casa después de la facultad. Esta es una gran manera de reducir los gastos en la etapa inicial. También tiene una gran ventaja contra sus competidores. Puede costar entre $3.000 Y $5.000 al mes solo por tener un espacio de oficina.

→ Varios fundadores tenían familiares que tenían edificios de oficinas y pudieron instalarse ahí. Esto les permitió mantener los costos al mínimo.

¿Inversiones o Préstamo?

La gente en ocasiones me pregunta si tiene que devolver la inversión.

Si usted pidió dinero a un banco, paga el préstamo y los intereses. Si pidió un préstamo de $100.000 con un interés del 10%, paga $100.000 (el préstamo) y $10.000 (el interés) un año después.

Una inversión es una apuesta de que su compañía triunfará. Si su proyecto fracasa, usted no pierde. El inversor sabe que quizá pierda todo.

El inversor está corriendo un riesgo (el dinero quizá se pierda) por esta razón pide una gran recompensa.

Si la inversión es un triunfo, usted devuelve la inversión y un múltiplo, como 5X o 10X. Si el múltiplo es 5X, entonces usted devuelve $100.000 más cinco veces la cantidad ($500.000).

Algunos inversores han obtenido una ganancia de 30.000X de sus inversiones. Ningún otro negocio ofrece esto (ningún negocio legal). Por eso las personas con dinero en cualquier parte del mundo están interesadas en Silicon Valley.

¿Qué sucede si pierde dinero? Si usted hizo un trabajo malísimo y desperdició el dinero, los inversores quizá lloren un poco, quizá nunca le vuelvan a hablar y puede que avisen a sus amigos. Si usted hizo un buen trabajo y dio lo mejor pero no funcionó, ellos lo entenderán y muchos invertirán en su siguiente proyecto.

Solamente una fracción diminuta de los proyectos son exitosos. Muchas personas dicen que fracasar no es una opción, pero en Silicon Valley, el fracaso es muy probable. Cuando funciona, paga muy bien, por eso la gente lo continúa intentando.

Asegúrese que los inversores entiendan que es muy arriesgado y que dará lo mejor de usted.

¿Qué pasa si Usted no está en Silicon Valley?

Los inversores en Europa, Sudamérica, China y en la costa Este de los EEUU (NYC, Chicago, entre otros) son conservadores y evitan riesgos. Quieren ver un producto, usuarios, ventas y ganancias antes de invertir. Es más seguro para ellos pero conseguirán pocas oportunidades. Tienden a mirar la realidad de hoy en día y no el potencial.

→ En muchos países, hay una falta general de experiencia y conocimiento acerca de inversión en startups. Prefieren invertir en cosas que conocen y entienden, como las propiedades. Si ellos invierten, la cantidad va a ser pequeña.

➜ Varios fundadores europeos me dijeron que un inversor de Suecia no invertirá en una compañía Sueca en Estocolmo, pero si la compañía Sueca tiene una oficina en Palo Alto, es una compañía de Silicon Valley y sí invertiría en esta. Los inversores europeos y asiáticos quieren invertir en Silicon Valley, por eso el dinero de Asia, Europa y Sudamérica viene a Silicon Valley.

➜ Otro problema con los inversores fuera de Silicon Valley es su actitud negativa ante los jóvenes. En varios países, los inversores insistirán en que acepten a un "adulto" en el equipo de fundadores que tiene un promedio de 21 años de edad. Eso matará la fiesta.

Considerándolo todo, es más fácil recaudar fondos en Silicon Valley porque hay más inversores y tienen experiencia con startups.

¿Cuáles son las Posibilidades?

Aquí están los números generales de una gerencia típica de Capital de Riesgo:

- 4.000 propuestas son revisadas anualmente.

- 400 compañías consiguen una llamada de 30 minutos para discutir la idea

- 100 son invitadas a una junta de una hora

- 20 son financiadas

Alrededor de 15 compañías producen el 95% de todas las ganancias en Silicon Valley.

Es muy difícil saber los números reales pero se encuentran aproximadamente en este rango. Un día normal de trabajo, los empleados de CRs revisan probablemente veinte propuestas, hacen cinco llamadas, e invitan a dos compañías para una junta personal.

Los Tipos de financiación

Hay muchas maneras para obtener fondos para tu compañía. Aquí hay algunas ideas:

- Autofinanciación. Usted y su equipo comparten los gastos. Tienen trabajos normales de día, hacen proyectos paralelos, o viven de sus ahorros o tarjetas de crédito.

- Algunos de los fundadores tenían una o dos compañías existentes que producían ganancias y podían vivir de eso.

- Dinero de desempleo: Algunas ciudades ofrecen dinero para desempleados que quieran emprender un negocio. Uno de los fundadores utilizó esto para emprender.

- Ganancias: Alguna compañías empezaron a hacer dinero muy pronto y pudieron vivir de sus propias ganancias.

- Amigos y Familiares: esposo o esposa, pareja, padres, familia, amigos, graduados, su iglesia, club social, colegas o asesores pueden fundar el proyecto.

- Crowd funding:la gente dona dinero para proyectos interesantes. Algunas de las plataformas son: *Kickstarter*, *Indiegogo* y otras páginas de donación. Uno de los fundadores utilizó esto. Necesita una buena campaña social para que esto funcione y en este caso usted necesitará hacer marketing mientras construye su compañía en la etapa inicial.

- Concursos de startups: Compañías y gobiernos organizan concursos. Muchos de estos ofrecen premios considerables. He conocido fundadores que han ganado $50.000 o $100.000.

- Aceleradoras: Algunas aceleradoras le ofrecen dinero. Por ejemplo Y-Combinator ofrece $130.000 a cada compañía.

- Becas gubernamentales: Muchas ciudades, estados y gobiernos nacionales invierten en startups para crear trabajo (y producen impuestos).

- Universidades: Algunas universidades están financiando las compañías de sus estudiantes. Hay también grupos de inversiones para graduados de las universidades de Stanford, Berkeley, MIT, Yale, Harvard, entre otras universidades.

- Inversiones Corporativas: las compañías grandes invierten en startups de su campo de dominio con la esperanza de encontrar compañías que adquirir.

- Ángeles: son personas que han ganado dinero (por ejemplo) en biotecnología y están dispuestos a invertir en biotecnología por que conocen este campo.

- Capitalistas de riesgos (VC). Los VCs recaudan fondos de grandes inversores (compañías aseguradoras, compañías grandes, fundaciones de familias, gobiernos, donaciones, universidades, entre otros) e invierten el dinero en startups.

Si su compañía logró un gran reembolso para sus inversores, puede obtener financiación fácilmente para su siguiente emprendimiento de los mismos inversores. Uno de ellos vendió su compañía y con solo una idea, pudo recaudar $2millones para su siguiente compañía.

➡ Uno de los fundadores está en su tercera (o quizá cuarta?) compañía. o necesita dinero de inversores. Con las contactos que ha construido en su recorrido, podrá conseguir amigos en compañías grandes que compren su startup.

➡ Si usted está construyendo una compañía sin ánimo de lucro, es muy probable que no obtenga inversores. Sin embargo, puede obtener donantes que contribuyan. Otra posibilidad es recaudar fondos en las redes sociales.

Otra idea es obtener financiación a través de la lista de Ángeles (angel.co). Busque inversiones de $5-10K que significa que obtiene muchos inversores y sus consejos y contactos. Para las startups con muchos ángeles es más fácil obtener más inversores ángeles por que los ángeles se comunican con otros ángeles.

➡ Los subsidios de universidades y gobiernos a veces crean problemas. En algunas disciplinas y en algunos países, hay muchos subsidios y las startups van de subsidio en subsidio y nunca lanzan su producto. Necesitan enfrentar la realidad. Algunos necesitan desaparecer. Esto es como los estudiantes de posgrado que obtienen título tras título y tienen que trabajar.

A propósito, los ángeles eran personas ricas que patrocinaban obras de teatro en Broadway en Nueva York a principios de 1900.

Información sobre VCs

Una empresa de Capital de Riesgo tiene de cinco a diez socios generales (GPs) y directores que buscan tratos y manejan con la diligencia debida. Hay también asociados, analistas y becarios.

Hay aproximadamente 800 VCs en los EEUU pero solamente 400 están activos. Cerca de 100 en Silicon Valley. La mayoría del dinero se va hacia los VCs de SV. Puede aprender más en el Grupo Nacional de inversores de Riesgo (NVCA).

Muchas empresas VCs están físicamente en *Sand Hill Road*, una larga calle desde Palo Alto hacia la autopista 280 forrado de edificios de oficinas pequeñas. A veces puede ver a los inversores detrás de las oficinas enrollando los fajos de billetes.

Cada VC trata con entre 4 a 6 startups, dependiendo del estado de los fondos a diez años. Cuando el fondo es nuevo, la empresa está trabajando con muchas compañías. Mientras el fondo madura (y algunas de la compañías fracasan), la empresa se enfoca solo en algunas compañías y las prepara para la salida. Los VCs también tienen que tratar con sus propios inversores, cofundadores, clientes, entre otros. También promueven sus inversiones a través de las noticias.

Los VCs están medidas por el regreso de las inversiones (ROI). Cuantas más inversiones exitosas tenga, más alto están en el rango. Hay rangos para VCs y para GPs. Un VC con un bajo rango estará dispuesto a invertir porque está desesperado o loco.

En los últimos diez años, los fondos de VCs han incrementado y también las inversiones que hacen. Los VCs se mueven de compañías en la etapa inicial a compañías en la etapa de expansión. Como respuesta, los ángeles y las aceleradoras se han comprometido a financiar compañías en la etapa semilla. Una nueva clase de micro-VCs ha surgido. Hay alrededor de 225 micro-VCs (y como la mitad están en SV) que hacen inversiones entre $25K-$500K.

➜ No se preocupe acerca del rango de los VCs. Depende de usted utilizar los fondos para construir su compañía.

➜ Los VCs no resuelven los problemas de su compañía. Tiene que encontrar los problemas y resolverlos por usted mismo. Lo que obtiene de los VCs es dinero para acelerar su compañía.

Cómo Conocer inversores

Hay dos maneras de conocer inversores: llamadas frías y calientes.

- Una llamada fría es cuando usted llama a alguien que no conoce. No hay conexión entre ustedes dos.

- Una llamada caliente es cuando usted es presentado a alguien a través de un amigo común. Él le dice a la otra persona que se conocen y confía en usted. La otra persona hablará con usted como un favor a su amigo.

Tu meta es obtener la primera cita. Si hay interés en los dos lados, ustedes continuarán los encuentros.

¿Recuerda lo que Reid Hoffman dijo acerca de los contactos? ¿Que él solo habla con personas que tienen contactos mutuos? Muchos VCs y ángeles miran propuestas solamente si son recomendados por amigos comunes.

Entonces piense en sus amigos, familiares y colegas para encontrar personas que conozcan a otras personas. Cuando usted hable con cofundadores potenciales y asesores, pregunte acerca de sus contactos.

➜ Usted tendrá muchas juntas. En general, tendrá alrededor de 100 juntas (cinco juntas diarias) por cada $100.000 en financiación. Se convertirá en alguien muy bueno explicando rápidamente lo que hace.

➜ Si usted tiene un buen equipo y una buena idea, la gente se lo dirá a otras personas. Asesores, directores de incubadoras y profesores en las escuelas de negocios son constantemente preguntados por inversores y VCs sobre nuevas compañías.

➜ Los VCs en Silicon Valley dicen que las compañías no deberían enviar propuestas no solicitadas porque estas son ignoradas. Pero en otros países, los VCs tienen menos que hacer y quizá funcione. Uno de los fundadores hizo esto. Envió propuestas a 35 VCs en su país. Obtuvo 16 juntas. Tres dijeron que sí y dos finalmente invirtieron aproximadamente $1.5m. Le llevó casi nueve meses. Intente esto en su país.

➜ Un fundador utilizó su plataforma de redes sociales para informar de lo que estaba haciendo y así algunos inversores lo contactaron.

➜ Pero una junta con inversores puede significar muchas cosas. Algunos inversores están interesados en un mercado, entonces se reúnen con compañías en estos mercados para ver qué pueden aprender.

➜ Y siempre esta el amigo-de-un-amigo-de-otro-amigo. El hermano de un fundador le dijo a su amigo, quien le dijo a otro amigo, quien sabía de alguien que coleccionaba coches. Él invirtió. Usted debería tener un buen discurso abuela para que otras personas también entiendan qué es lo que está haciendo.

Hay personas que se hacen llamar VCs y le ofrecen $1m en financiación si usted paga una pequeña cuota de $15.000. Son falsos VCs.

¿Que es un Pitch?

La palabra pitch viene del béisbol. Es cuando el lanzador tira la pelota hacia el bateador. Usted hace un pitch cuando le enseña su propuesta a un inversor.

Un evento de pitch es una conferencia donde cinco o diez compañías se presentan a una audiencia de inversores. Hay eventos como estos diariamente en SV.

Un jurado de tres o seis VCs e inversores se sientan en un lado de una habitación. Generalmente, usted habla dos minutos, seguido por tres minutos de preguntas y respuestas de ellos. O son tres minutos de presentación y tres minutos de preguntas. O son treinta minutos.

Quizá haya una pequeña tarifa de $20-50 para cubrir costes y la comida, pero no pague $500 o algo parecido.

Atienda cuantos eventos pueda. Escuche lo que preguntan. Después de que el evento se acabe, puede hablar con los inversores y contarles acerca de su proyecto.

→ Un fundador con muchos años de experiencia en Silicon Valley mencionó que estos eventos son puro entretenimiento. Él no pensaba que estos fuesen los lugares para inversiones considerables e importantes. Dijo que los fundadores nuevos deberían ir a estos eventos para obtener experiencia personal y mejorar su presentación. No espere obtener financiación y no se sienta decepcionado si no obtiene ofertas.

→ La calidad de los inversores depende de la calidad del evento. Los eventos de calidad tienen inversores de calidad. Usted debería practicar su discurso tantas veces como pueda. Conseguirá una mayor confianza.

Acerca de su Presentación

Aquí tiene algunas ideas para su presentación:

- Utilice diez páginas para su presentación. No sobrepase las doce páginas. Si lo puede hacer en tres páginas, mejor. He visto personas tratando de presentar 60 páginas y son interrumpidos antes de que lleguen a la mejor parte.

- Cada página debería tener una sola idea, no más de tres puntos importantes en una página. Los puntos importantes deberán ser cortos.

- La presentación debería ser en un PowerPoint que pueda abrirse en dispositivos de Apple y Windows.

- Pregúntele a alguien con buena escritura que revise su presentación. Su presentación debería ser tan profesional como pueda hacerlo. Encabezado, colores, tipografía y formato deberían ser consistentes. El deletreado, la gramática, el uso de las mayúsculas debería ser correcto.

- Use los números de página en las diapositivas para poder referirse a una diapositiva

- No lea las diapositivas a su audiencia. Hable de su presentación.

Mantenga una copia de su presentación en una memoria portátil, o en su teléfono y en su archivo en la nube para que siempre lo tenga disponible.

La Presentación, Pagina por Pagina

Idea Principal: Miremos ahora a cada página de su presentación:

- Página 1: El Título. El nombre de su compañía, logo, una línea de descripción de lo que hace su compañía, la fecha (como Mayo 2017) y su audiencia.

- Página 2: El Equipo de Fundadores. Nombre, título, diplomas de universidad, experiencia, habilidades y fotos profesionales. Puede incluir sus asesores.

- Página 3: La Oportunidad del Mercado: cómo de grande es su mercado (en $ dólares) por país, estado y ciudad. Por ejemplo, $1B en EEUU, $300m en California, o $25m en Palo Alto.

- Página 4: Declare el Problema: ¿Cómo afecta a sus usuarios? ¿Cuánto cuesta el problema a los usuarios en tiempo o en dinero?

- Página 5: El Producto: Como será su producto, tecnología, o el servicio que resolverá el problema. Incluya fotos o imágenes.

- Página 6: Competidores: ¿Quiénes son los mejores jugadores en esta industria? ¿Cómo es su producto mejor que el de la competencia?

- Página 7: El plan de Negocio: ¿Cómo su negocio creará ganancias?

- Página 8: Repaso Financiero: Una proyección financiera simple de los 5 años siguientes.

- Página 9: La pregunta: ¿Cuánto financiación ha recaudado? ¿Quien ha invertido? ¿Cuánto dinero necesita? Pregunte por el dinero.

- Página 10: Su información de contacto: Nombre, correo electrónico, teléfono, página web y su dirección postal.

Puede saltar las páginas siete y ocho. Solo mencione que el tema del dinero se resolverá luego.

Puede descargar un ejemplo de presentación en la página web de este libro. Descárguelo, edítelo y empiece a presentar.

➜ Hay mucha discusión sobre la pregunta (página #9). Algunos dicen que debe preguntar por el dinero. Otros dicen que no debería preguntar por el dinero, que si los inversores están interesados, debería tener varias juntas y después preguntar por el dinero. En cualquier caso, pregunte por dinero o no, depende de su industria, país, entre otras cosas. Pregúntele a su asesor.

La Propuesta

Cuando presente, está mostrándole a los inversores como ganarán dinero con usted. Muestre que ha ensamblado un equipo que puede hacer el trabajo y resolver el problema. Demuestre que se ha entrevistado con clientes, identificado un problema y tiene una solución.

Su presentación es una oferta de negocios, no una entrevista de trabajo. El CEO de su compañía debería presentar. Los inversores buscan una idea pero también valoran si tiene el liderazgo y la confianza para liderar el proyecto.

Discuta su idea con su equipo y con los asesores hasta que entiendan claramente cada problema. Asegúrese que entiende conceptos de financiación como notas convertibles y dilución. De otra manera, el inversor notará que no está preparado.

La gente hará preguntas que usted no podrá contestar. Escriba la pregunta, mencione que investigará la pregunta y enviará un correo electrónico con la respuesta en menos de 24 horas.

➜ Por ejemplo, un inversor preguntó cuál era el peso de un pie cúbico de nieve. Depende de la humedad, por eso debe saber el rango (entre 20 libras a 60 libras) (y encontrar la respuesta en pies cuadrados, metros cúbicos, libras, kilos, Fahrenheit y centígrados).

➜ No vaya solo. Lleve a un cofundador con usted para que tome notas. Escriba cada objeción y encuentre las respuestas. Si puede, grabe el evento.

➜ Vaya a otros eventos de pitch y vea cómo presentan otras personas. Verá que hay una gran variedad entre buenas y malas presentaciones. Para la presentación de una compañía, nosotros practicamos quince veces. Consiga un asesor de pitch si puede.

➜ Pregunte a sus asesores y profesores si le pueden sugerir eventos para presentar su idea.

Juntas

Cuando conoce a los inversores, estarán evaluándo si puede encabezar una compañía. Demuestre entusiasmo y confianza. Salude firmemente y mírelos a los ojos. Esté listo para hablar de su proyecto.

Investigue a la persona y compañía antes de la junta. Sepa quiénes son, qué pueden hacer por usted, qué quiere de ellos y qué puede usted hacer por ellos.

Esté listo para mencionar sus métricas (como canales de ventas, ganancias, suscripciones, entre otras cosas) que sean importantes para su proyecto y como usted reunirá esos números.

Sea cuidadoso con métricas como registros, usuarios, "likes" de Facebook, menciones sociales, entre otras cosas. No importa mucho y son muy fáciles de fingir.

¿Cómo los inversores le Evalúan en Eventos de Propuestas?

Hay diferentes maneras para que los jueces e inversores le califiquen en un evento.

Algunas veces, los inversores y jueces utilizan un formulario para calificarle. Ese formulario cubre los siguientes temas:

- **La Oportunidad del Mercado:** ¿Cuál es el tamaño del mercado? ¿Cuál es el mercado total? ¿Cuál es el modelo de negocios? ¿Cuál es el potencial de la inversión y el regreso de la inversión (ROI)? ¿Cuál es la salida preferible?

- **La Tecnología:** Cuál es su tecnología? ¿Cuál es la ventaja de esta? ¿Qué lo diferencia de sus mayores competidores?

- **El Equipo:** Las cualidades de su equipo, conocimiento, experiencia y su historial. ¿Podrá hacer el proyecto? ¿Podrá resolver los problemas que surjan?

- **Habilidades de Presentación:** ¿Tiene confianza, conocimiento y es profesional? ¿Será capaz de dirigir un equipo, hablar con inversores, o vender a clientes?

Usted puede mejorar su presentación para cubrir esos puntos.

En otras ocasiones, los jueces no tienen un formulario. Hacen preguntas basadas en sus experiencias e intereses. Usted debería ir a varios eventos y ver qué tipo de preguntas hacen.

➜ Los Fundadores están de acuerdo en que es intenso presentar una idea. Un equipo de fundadores estaba presentando sobre siete veces al día con solo dos horas de descanso pero divirtiéndose a la misma vez porque estaban recaudando con éxito dinero para su compañía. Si usted está emocionado con su compañía, los inversores sienten el entusiasmo y querrán unirse.

➜ Sin embargo, los eventos para presentar su idea pueden ser frustrantes si los inversores no están poniendo atención, o están mirando su teléfono, o no lo miran a usted.

➜ Si un inversor es una persona financiera o es un ingeniero, quizá solo vea las métricas. Si usted ha investigado un problema y cita estatistas, el inversor preguntará por la fuente de tus datos. Cuando utilice cifras en su presentación, esté listo para citar sus fuentes.

Esté Siempre Listo para Presentar

Son las 7 a.m., se encuentra en la cola de Starbucks para comprar su bebida diaria descafeinada de caramelo con ingredientes extra encima y una mujer que esta cerca de usted le pregunta, "¿Qué está haciendo?"

Quizá sea una VC que está buscando startups en las que invertir. O quizá se esté preguntando porque pidió algo tan raro.

Esté listo para decir "Estamos analizando los registros médicos" o "Estoy pidiendo esta bebida para mi hija de seis años."

Esté listo para hacer una presentación de treinta minutos en tan solo dos. Este preparado para presentar su idea sin sus diapositivas.

➔ En un evento, el proyector se quemó. Solamente unos pocos pudieron presentar su idea.

➔ En otra ocasión, uno de las startups no presentó. Uno de los VCs preguntó a los asistentes si alguien quería presentar.

➔ Dos personas de una compañía Coreana se encontraban en San Francisco para buscar clientes e inversores. Estaban en la caja para pedir sus hamburguesas. Empiezaron a hablar con una mujer que estaba a su lado. Ella se da cuenta que esa herramienta es algo que yo puedo utilizar con un cliente. Ella me envía un mensaje de texto. Yo les pregunto si pueden llegar a Palo Alto en 45 minutos. Llegan a la oficina. les recojo en el vestíbulo de la oficina y los encamino a una junta en proceso. Les digo, "Adelante, enséñennos lo que traen." Después de treinta minutos, les preguntamos ¿Para cuándo lo podemos utilizar?"

Preguntas Locas

Algunas veces, es obvio que nunca miraron tu material. O interrumpen para preguntar algo totalmente diferente. O las preguntas son irrelevantes o un poco locas. Una persona preguntó, ¿Has pensado en utilizar una función API de Java y si no, por qué no?" Algunos inversores son agresivos y usted a veces se pregunta si están probando su confianza o solo están siendo arrogantes. Y a veces, los inversores despistados pueden ridiculizar su idea.

Algunos inversores observarán cómo presenta usted. A algunos inversores les gusta hacer preguntas difíciles de manera caótica o le confrontan para ver como reacciona; otros lo hacen porque en realidad no saben qué preguntar.

Bueno, esta es la realidad: los inversores casi nunca se preparan para sus juntas. Usted trabajó arduamente en su presentación durante 72 horas sin parar, lo envía, se presenta a la junta y le dicen, ¿Qué hace tu compañía?"

Cuando Dicen Si

Hay varias razones por las que dicen sí:

- Los inversores Graham y Dodd: Dos profesores de la Universidad de negocios de Columbia crearon una manera de invertir racionalmente en una startup basado en métricas y valor. Los inversores que se basan en este sistema son llamados Graham y Dodd.

- Invirtiendo sabiamente: Los VCs invierten, basados en su experiencia y sabiduría. También conocido como suposición salvaje.

- Invirtiendo estratégicamente: Los VCs invierten en un proyecto porque les ayuda con otro proyecto o quieren bloquear a otro competidor.

- Inversiones en manada: invierten porque es ahí donde la manada está pisoteando. Es también conocido como inversiones FOMO.

Puede llevar de seis a nueve meses de juntas para obtener un sí. A veces tendrá que enseñarle al inversor la oportunidad de negocio.

➜ Un fundador dijo que él compartía información acerca de su producto, mercado y datos con los inversores abiertamente porque presentía que los inversores podían saber cuando está escondiendo algo. También buscaba inversores que fueran honestos con él. La mayoría de los fundadores mencionaron que eran honestos con sus inversores.

➜ Varios fundadores mencionaron que habían desarrollado hojas de cálculo en su primera compañía, pero los inversores no las miraban y todo estaba cambiando constantemente, por lo que las hojas de cálculo no servían para nada.

Cuando Dicen No

Hay varias razones por las que dicen no:

- No fue muy claro en explicando que tiene el equipo, encontró un problema para resolver, o algo que genere ganancias. Revise el video de su presentación y enfóquese en las expresiones para ver si puede encontrar dónde no le entendieron.

- No está interesado, quiere hacer algo diferente, o el proyecto no encaja en su estrategia.

- El inversor solo está mirando. Quizá esté aprendiendo acerca del mercado, quizá no esté listo para invertir, o simplemente le gusta la atención.

Si usted piensa que los VCs son duros con usted, solo están divirtiéndose. Los VCs son aplastados cuando van a sus inversores institucionales.

Como le mencione previamente, las inversiones no son validaciones para su proyecto, los rechazos tampoco significan que su idea es mala. La prueba real es si sus clientes utilizan su producto.

Pandora fue rechazado por 88 inversores. Hoy vale $3B. Menlo Ventures rechazó Facebook. OVP Venture Partners rechazó Amazon. Warren Buffet dijo no a Intel. Venrock rechazó Xerox, Tanden y Compaq. ARCH Ventures Partners rechazó Netscape y Canaan Partners rechazó Juniper. Kleiner-Perkins rechazó VMWare. Tim Draper rechazó Google y Facebook. Nolan Bushnell rechazó el 33% de Apple por $50.000 (hoy serían $400B).

Cuándo Recaudar Dinero

Muchas de las compañías empiezan a buscar financiación en el primer día. Están buscando a alguien que cubra los costes de construir un negocio. También están buscando a alguien que pague su comida y su renta.

Esto causa dos problemas. Primero, es muy difícil recaudar fondos si no tienes un negocio viable. Usted gastará la mitad o más de su tiempo hablando con inversores.

El segundo problema es peor. Digamos que obtiene dinero. El inversor quiere un retorno de su inversión, de pronto usted tendrá un patrón que le detendrá con las entrevistas de los clientes y le obligará a que se enfoque en ganancias. Su equipo se convertirá en una operación de marketing y ventas con un producto débil. Cada semana, usted deberá reportar cuánto dinero ganó y cómo piensa mejorarlo. Se apresurará en lo que tenga que comercializar y, en general, su startup fallará

Si usted descubre primero cual es el problema del cliente y crea una solución, tendrá un modelo de negocios y será más fácil recaudar fondos.

La Pregunta: Cuánto para Recaudar

¿Entonces cuánto dinero debería pedir? Hable con sus asesores, adivine su trayectoria, estime el coste, agregue un extra por seguridad y redondéelo.

Notará que no dije "calcule"; dije "adivine." Puede hacer una hoja de cálculo para agregar todos los números, pero la realidad será diferente. ¿Cuál es su trayectoria cuando es posible que pivote de idea cuatro o cinco veces en los siguientes seis meses?

➜ No lo exagere. Un amigo me habló acerca de su proyecto. Era fácil de implementar y solo necesitaba $200.000. Dijo que recaudaría $100m. Los inversores no son idiotas (bueno, no todos ellos). Han escuchado miles de propuestas y tienen un buen sentido de lo que se necesita. Pensarán que él no tiene idea de lo que está haciendo. Nuevamente, proponga un número y discútalo con sus asesores.

No debería recaudar mucho dinero. Es mucho trabajo recaudar dinero que no necesitará. Peor que esos, los inversores obtendrán una gran parte de la compañía. Recaude solo lo que necesite y gaste lo mínimo posible.

➜ ¿Cuánto? Si necesita $200.000 y solo pide eso, nadie le tomará en serio. Eso es insignificante. Pida $500.000. En una de nuestras compañías, estimamos que necesitábamos $250.000, por lo que recaudamos $500.000 y guardamos el resto por precaución. Luego, devolvimos el resto del dinero a los inversores.

Quizá se esté preguntando acerca de *la pregunta*. Esta es una nueva palabra para una solicitud, como en "¿qué es la pregunta?" Sí, es un poco extraño, pero la gente lo dice.

Su Pista de Vuelo

La última sección es la pista de vuelo. Un avión necesita cerca de 13.000 pies (2.5 milla o 4.000m) para poder despegar.

Digamos que su compañía en la etapa semilla necesita doce meses para que despegue y empiece generar ganancias. Su pista de vuelo son doce meses.

Usted no quiere llegar al final y descubrir que necesita más dinero. Averigüe su pista, los gastos mensuales (renta, pizza, entre otros gastos) y lo que sea necesario, agregue un poco más y vaya con eso. Recaude dinero suficiente para llegar al final de la pista.

¿Cheques, Notas Convertibles, SAFE, o Efectivo?

Aparte de cheques, hay varios tipos de financiación:

- Notas convertibles: En vez de un préstamo, utilice notas convertibles. El inversor presta dinero a la compañía. Cuando la nota vence (por ejemplo, en un año), el inversor recibe acciones, no intereses.

- El seguro de YC: Y-Combinator desarrolló SAFE (Acuerdo Simple para la Equidad Futura) para reemplazar la nota convertible. SAFE es una manera de dar dinero sin crear deuda. Aprenda más en ycombinator.com/documents/#safe

- Efectivo: Una inversora dijo que ella invertiría $50.000 en efectivo. Lo tenía en una bolsa de papel. Lo contamos, le dimos un recibo y cuatro de nosotros fuimos al banco.

Hable con sus abogados y asesores.

Problemas con Inversores

Sus intereses y los intereses del inversor no son iguales. Un inversor invertirá en 30 o 40 compañías pero la mayoría fracasará. Cuando él ve que una compañía está fallando, se retirará para invertir su tiempo y dinero en las que están mejor. Significa que si usted no lo está haciendo bien, el inversor se retirará. Usted solo tiene una vida, pero él tiene 30 vidas.

Algunos VCs no saben de lo que hablan, pero insisten que están bien y por eso discuten sin parar.

Los VCs también se pelean entre ellos. No hablaré de esto pero cuando sucede, ¿Adivine quién pierde?

→ Algunos fundadores mencionaron que los inversores a menudo no explicaban por qué decían no o por qué nos les gustaba la idea.

Diligencia Debida Sobre Usted

Antes que los VCs decidan invertir en usted, hacen diligencia debida (DD). Esto significa que investigarán su historial.

Contratan compañías DD para chequear su historial de crédito, graduación y diploma, historial de trabajo, direcciones donde haya vivido, historial criminal, entre otras cosas. También contactarán a sus cofundadores, asesores y a otras personas para preguntar sobre su historial, habilidades técnicas, estilo de trabajo, personalidad, contactos y planes futuros. Le preguntarán a tu cofundador si le conoce en profundidad.

Los diferentes niveles de diligencia debida pueden ser de un nivel FBI a un "sí, lo que sea." Algunos contratan compañías DD, otros miran en tus páginas de Facebook y otros van con la opinión del inversor principal.

→ Algunos de los fundadores dijeron que los inversores y la diligencia debida se enfocaba en el plan de negocios y la química personal pero ignoraba los problemas técnicos. Algunos mencionaron que los inversores no miraron ninguna línea de código.

→ Algunos VCs entienden las métricas y preguntarán a fondo acerca de esto. Pero si su compañía está creciendo rápido y el inversor le hace perder el tiempo con muchas preguntas, tiene la opción de ir con otro.

El resultado son 10-20 hojas de diligencia debida sobre usted.

Haga Diligencia Debida sobre los VCs

Usted también hace diligencia debida de sus inversores. En un juego donde la gente puede ganar billones, hay un incentivo para mentir. Revise la página web, blog, Twitter, Facebook y LinkedIn de su inversor. Lo puede buscar también en *CrunchBase* y Angel.co. Si dice que se graduó de Harvard, averigüe que en realidad fue a Harvard.

Puede contratar a las mismas compañías de DD para investigar a los VCs. Cuesta alrededor de $3.000 investigar a un VC con una compañía de DD. Averiguará sobre sus otras inversiones, conflictos de intereses, arrestos por fraude, su prohibición de por vida de Wall Street, su esposa, amante y u novia.

Cuando empiece hablar con inversores, pregunte a sus contactos. Hable con sus asesores. Revise su foro para fundadores.

→ Los fundadores deberían hacer diligencia debida con sus grandes inversores. Los fundadores deberían preguntar cómo trabajan los inversores con startups. Debería hablar con compañías donde haya invertido. Pregunte si es útil o solo molesta, que valores agrega, que contactos tiene y que tipo de consejos ofrece. Los fundadores terminan con inversores equivocados si están desesperados por dinero y cogen lo primero que les llega sin investigar.

También debería hacer diligencia debida para vender su compañía. Esto incluye a la persona M&A que está finalizando la venta (busque conflictos de intereses o problemas con fraude) y el comprador (asegúrese que pagan). No pase meses en una negociación de ventas solo para descubrir que hay problemas que la impiden.

El Plan de Negocios

Le preguntarán sobre el modelo de negocios. Esto significa cómo planea hacer dinero. Hay diferentes maneras:

- Ganancias de Publicidad: Usted pone publicidad en su página web y gana dinero cuando la gente hace clic. Las redes sociales y muchas otras aplicaciones hacen esto.

- Afiliado: Usted ofrece cosas de otras compañías y cuando alguien compra, usted recibe un porcentaje.

- Subscripciones: La gente paga suscripciones mensualmente o anualmente. Funciona para revistas, periódicos y software.

- Ventas: Usted vende sus producto.

O diga que es un Budista Zen y no le importa el dinero. Esa es la mejor respuesta porque en este punto, todavía está averiguando si hay un negocio para su producto. Más tarde, cuando empiece a vender su producto, puede experimentar con varios modelos de negocios.

Su Ventaja sobre los VCs

Miles de inversores y VCs tienen lo mismo: mucho dinero. Y todos ellos quieren lo mismo. Más dinero.

Sin embargo, usted tiene la habilidad de crear un equipo competente y proponer buenas ideas.

Esto le da una ventaja. Ellos le necesitan, pero usted siempre puede irse con otro inversor. Debería subrayar esto en negrita. Hay muchos como ellos pero solo unos pocos como usted.

Qué Quieren los VCs en Realidad

La mejor manera de tratar con VCs es entender que quieren en realidad. Los VCs preparan fondos con diez años de vida. Invierten en startups durante los primeros seis años. Como casi todas las compañías fracasan, necesitan 20-24 compañías lo que significa que deben añadir una startup en su portafolio cada trimestre durante seis años.

Un nuevo fondo está en busca de ofertas. Los VCs invierten en lo que saben. Si usted está haciendo biotecnología, no se moleste con inversores financieros. Si usted está en su categoría (biotecnología, AI, lo que sea), tiene un buen equipo y resuelve sus problemas, invertirán.

Al principio de la vida del fondo, los VCs tienen mucho dinero así que es probable que tomen decisiones a la ligera. Después de unos años, solo necesitan unos pocos tratos más por lo que empiezan a evaluar las ofertas con detalle. Mire el historial de los VCs. Si el fondo acaba de empezar, usted tiene más probabilidades.

Cómo Ganan Dinero los VCs

También ayuda entender cómo los VCs ganan dinero.

- Un VC anuncia que creará un nuevo fondo de $100m.

- Será un fondo de diez años. Si el fondo se establece en 2017, los inversores mantendrán el fondo durante diez años y las ganancias serán en 2027.

- El fondo puede ser nombrado con un número romano, por ejemplo Fondo IV, o lo nombran como su Rottweiler o un villano de Star Trek.

- Él recauda dinero para el fondo. Va a visitar a sus hermanos de fraternidad de Harvard, Stanford, o alumnos graduados en la escuela de negocios de Wharton quienes supervisan dinero en grandes fondos mutuales, fondos de pensiones, donaciones de universidades, fondos de riqueza extranjera (como Noruega o Arabia Saudita), oficinas familiares, caridad y otros grupos con billones de dólares.

- Por las leyes de impuestos, los VCs tienen que aportar algo de su dinero en los fondos, por eso ponen el 1%, $1m en este caso.

- El VC obtiene 2-y-20. Esto significa 2% y 20%. El 2% es la tarifa de manejo, si el fondo es de $100m, él obtiene $2m como su tarifa. Vive de eso durante la vida del fondo.

- Si tiene éxito y el fondo devuelve a los inversores, obtiene el 20% de lo sobrante. El 20% es llamado *el acarreo*. Si el fondo se transforma en $400m, $100m son devueltos y hay $300m en ganancias. Entonces él obtiene un 20% que son $60m. Las ganancias de una VC están en *el acarreo*.

El VC parece más grande si usted tiene una gran oficina y mucho personal. Le presionará para que contrate gente. Le recomendará que contrate a sus hermanos de fraternidad, novias y a los vagos de sus hijos.

Si usted entiende el negocio de los VCs, puede negociar mejor. Si está buscando $500k y su compañía se vende por $100m, no tiene sentido hablar con VCs de un fondo de $300m. Prometen un regreso de 4X a sus inversores, lo quel sería de $1.2B, están buscando unicornios. Si usted vende por $100m, el VC obtiene $20m, solamente el 2% de la meta de $1.2B. $100m es mucho para usted pero es ridículo para los VCs. Encuentre un fondo VC que vaya de acuerdo con su modelo de negocio.

Hay muchos detalles, pero esta es la foto general.

Espere, tenemos otra pregunta. ¿Por qué se llama *"el acarreo"*? ¿Y por qué es el 20%? En el 1500 AC, los fenicios tenían una gran flota Mediterránea de comerciantes que transportaban olivos, trigo, vino, maderas y otras cosas entre Turquía y España. Cuando usted enviaba 10 toneladas de olivas de Grecia a España, le cobraban el 20% por transportarlo, ellos obtenían el 20% de lo transportado (*el acarreo*), lo que significaba que su parte eran dos toneladas de olivas. Los capitalistas de riesgo en Silicon Valley están basados en un modelo de negocios de hace más de 3,500 años.

Los fenicios solamente tenían que preocuparse de los monstruos marinos. Los VCs se preocupan del reembolso de sus inversores. Si la inversión es devuelta en el año cinco pero hay un pérdida en el sexto año, los inversores utilizan el reembolso para recuperar el dinero. Sí, los VCs tienen que devolver el dinero que ganaron el año pasado. Si el reembolso es compartido entre todos los socios, tienen que cubrir las pérdidas de la VC. Se puede convertir en algo terrible; a veces, un VC tiene que vender su casa para pagar el reembolso.

Pregúntele a los VCs

No solamente conteste, haga preguntas también:

- ¿Está invirtiendo en compañías similares? Si este es el caso, están financiando a tus competidores. Lo que aprendan de usted, lo compartirán.

- ¿Cómo elige sus inversiones?

- Enséñenos su lista de inversiones de los últimos diez años. Obtenga la lista y hable con ellos.

- ¿Cuáles fueron los resultados de las inversiones?

- ¿En qué consejos estuvo usted?

- ¿Qué hace día a día por sus startups? ¿Ofrece consejos, referencias, clientes, empleados, o contratistas? ¿Puede dar ejemplos?

- ¿Por qué es el inversor ideal para nuestra compañía?

El contrato del inversión de un VC le dará un gran poder sobre usted, es fundamental que entienda cómo trabaja. No ponga atención en promesas. Llame a todas sus inversiones pasadas y vea lo que le dicen. Busque compañías que no puso en su lista. Llámeles también.

Y-Combinator cambió el juego de los VCs. Antes de YC, los VCs eran el único recurso de dinero y por eso tenían el poder. Pero YC ofrece servicios, Así que ahora los VCs tienen que hacer algo por sus startups.

Algunos inversores preguntarán por un asiento en la mesa de su compañía para mantener un ojo sobre su dinero o porque piensa realmente que puede ayudar a manejar su negocio. Asegúrese que agregue valor. El dinero es bueno pero alguien que ayude con la estrategia es mejor.

➔ Un fundador tiene una lista de preguntas en goo.gl/9174U3

Dinero Inteligente y Dinero Inútil

Otra idea de Silicon Valley es dinero inteligente y dinero inútil:

- El dinero inteligente es un inversor que trae experiencia y contactos. Puede presentarle a cofundadores, asesores, clientes y más inversores.

- El dinero inútil es un inversor sin experiencia en su industria, no tiene contactos y no entiende las inversiones. La página web Kickstarter es dinero inútil porque lo único que obtiene es dinero en efectivo.

Es mejor obtener dinero inteligente que dinero inútil, pero este último tiene un lado bueno; no te molestarán.

➔ Un fundador dijo que esto también funciona al revés. A algunas startups solamente les importa el dinero. No quieren aprender de los inversores. Los mejores inversores tienen contactos y experiencia y usted debería aprender de ellos. Pida consejos y sugerencias.

➔ Varios de los fundadores se reunían cada dos meses con sus inversores. Mantenían al tanto a los inversores del progreso y discutían cambios en la estrategia. Otros fundadores me mencionaron que solamente obtenían dinero de los inversores y no estrategia. Los inversores los dejaban solos.

Cásese con sus inversores

Como puede ver ahora, los inversores no solo son dinero. Cuando usted obtenga financiación, se mete en una relación a largo plazo.

Igual que no debería casarse en su segunda cita, no debería obtener financiación rápidamente. Asegúrese que usted y sus inversores están en línea con el proyecto. Si su meta es un desarrollo a largo plazo y la meta de los inversores son ganancias rápidas, habrá problemas.

Sus inversores pueden estar en la mesa directiva, lo que les da un gran poder. Si usted no está de acuerdo con ellos, pueden bloquear sus decisiones para ser forzado a aceptarlas.

Necesita ser estratégico con sus inversores. No solo es dinero. ¿Qué más pueden hacer por usted? ¿Cómo pueden ayudarle? Los buenos inversores pueden presentarle a otros inversores.

➔ Es como casarse. Su pareja ideal (ya sea romántica o profesional) será una relación a largo plazo donde ustedes dos trabajan juntos para hacer que funcione. Un buen inversor le ayuda a penetrar profundamente en una industria. Tienen los contactos financieros y recursos para mantenerse a flote si hay una devaluación económica.

➔ No es solo la inversión inmediata. Los inversores harán las siguientes rondas. Si cortan rondas, tiene un problema.

Problemas con los VCs

Desde la experiencia, soy cínico acerca de los VCs. Muchos de los ingenieros que han emprendido compañías tienen una opinión negativa de los VCs. Pero cuando hablo con VCs, son realmente negativos con otros VCs. Varios VCs me contaron lo siguiente:

- Si el VC piensa que la startup funcionará, venderán su casa, gastarán el dinero para la universidad de sus hijos, pedirán préstamos, harán lo que sea. Es lo que hacen los fundadores. ¿Pero los VCs? ¿Esos campeones del capitalismo? No, ellos se esconden debajo de la cama. Ponen el 1%, solamente por razones fiscales.

- ¿Por qué los VCs no solo invierten en compañías que tendrán éxito? Porque los VCs realmente no saben qué funcionará. Piensan que pueden tomar buenas decisiones, pero tienen un 95% de fracaso.

- Algunos VCs funcionan por Miedo a Perder la Oportunidad (FOMO por sus siglas en inglés). Deben generar ganancias o los inversores no les darán dinero para el siguiente fondo. Como un fundador me mencionó, "no más limusinas y putas!"

- Como los VCs no saben lo que va a funcionar, Difunden sus riesgos compartiendo acuerdos entre ellos. Esto crea una red cerrada que bloquea a los desconocidos. Hay aproximadamente 1.000 VCs en Silicon Valley que importen. Adelante, adivine cuántos son gente blanca de Stanford, Harvard y Wharton.

- Los VCs empiezan las juntas preguntándole. "¿Con quién más ha hablado?" No importa lo que diga, tan pronto como se vaya, él llamará a los demás para averiguar lo que están pensando. Su ADC (Acuerdo De Confidencialidad) no vale nada. Nunca conteste esta pregunta. Él no le contestará muchas preguntas, por eso no necesitas contestar a todas sus preguntas.

- Los VCs ponen el "derecho a rechazar" en su contrato lo que significa que tiene que pedirles permiso antes de recaudar más dinero. Suena bien, pero significa que pueden establecer la valoración. Si otro VC ofrece una valoración más alta, la primera VC puede bloquearla.

- Los VCs hablan mucho de riegos, pero no es su dinero y ellos obtienen el 2% de todas maneras. Usted trabaja 80 horas a la semana durante dos años, sin vida social, comiendo pizza fría y Coca Cola caliente mientras los VCs juegan al golf en las Bahamas.

- Algunas VCs ven las startups como una manera de dar trabajo a sus compañeros de fraternidad y a sus sobrinos holgazanes. Trabajé en una startup, donde el VC llegó, degradó al CEO que había construido la compañía y lo reemplazó por su hijo que jamás había trabajado. Hasta la recepcionista era más respetada.

- Hay VCs a los que les gusta utilizar juegos psicológicos con usted. Si notan que está desesperado por el dinero, lo retrasarán por semanas. ¿Qué? ¿Necesita pagar tres meses de alquiler este viernes o usted y su perro serán desalojados? Vamos a reunirnos el próximo mes. O simplemente una firma rápida aquí y obtenemos otro 10%. Solo estamos tratando de ayudarle, amigo.

Hable con ingenieros de Silicon Valley que hayan tratado con VCs. Le contarán más historias.

→ Los resentimientos aparecen porque los fundadores y los inversores tienen diferentes metas. La meta del VC es maximizar el valor, que son las palabras de los VCs para "ganar más dinero". No están ahí para ayudar a los fundadores. En cambio, los fundadores trabajan en sus startups. Cuando los VCs dejan de financiarlos, los fundadores se sienten traicionados.

→ Los fundadores y la gente de las finanzas tratan con el mundo de diferentes maneras. Los fundadores, que por lo general son ingenieros, ven la información como algo que tienen que compartir. Si usted está construyendo un puente, usted comparte datos de ingeniería con los otros ingenieros para que el puente no se caiga. Pero la gente de las finanzas ven la información como algo que no debería ser compartido. El banco no le dice que el 4.6% de los intereses te costará $900.000 cuando termine de pagar su casa. Está en el interés del ingeniero el compartir información, pero está en el interés del financiero retener la información.

Los VCs en el Mundo del Dinero

Los VCs tienen una gran presencia en Silicon Valley porque la gente piensa que un billón de dólares es mucho dinero. Pero Wall Street, Londres, París y Zurich juegan en otra liga.

La industria de los VCs de EEUU maneja aproximadamente $30B al año. El capital privado (PE por sus siglas en inglés)) funciona con $ 300 B

Los chicos realmente grandes son los fondos de cobertura, manejan $2.9T. Casi tres trillones de dólares. Para ellos, los VCs son como un error de redondeo.

Bridgewater, un fondo de cobertura, maneja él solo $160B. Eso son cinco veces más que todos los VCs de EEUU. El fraude de Madoff Ponzi fue de $50B. Recuerda esto cuando hables con VCs; no están en las grandes ligas.

Documento de Términos

Si los inversores están interesados, le dan un documento de términos. Es un pequeño contrato (alrededor de 10 páginas) para indicar cuánto dinero, cuántas acciones y varias condiciones. Está escrito en términos legales, por lo que necesitará un abogado y un asesor financiero para entender las implicaciones.

Por ejemplo, el contrato incluye *lock-in*, lo que significa que debe interrumpir las conversaciones con otros inversores y esperar. Estará encerrado entre cuatro y seis semanas hasta que ambas partes acepten o rechacen la hoja de términos.

Sin embargo, los VCs no están bloqueados. Pueden retirar el documento de términos en cualquier punto, basándose en algo que descubran en la diligencia debida o porque pierden dinero en Las Vegas. No le dirán por qué se retiraron. Pueden bloquearle con un trato mientras ellos buscan mejores ofertas. Cuanto más se demoran, más se desespera.

Otro juego es la explosión de la hoja de términos. Lo ofrecen con un tiempo límite de 48 horas. Tiene malas condiciones, pero no tiene tiempo para negociar o entenderlo y debe aceptarlo rápidamente.

Dilución de Acciones

Los inversores le dan dinero para que la startup pueda crecer. A cambio, la compañía crea nuevas acciones para que estos inversores puedan obtener un porcentaje de la compañía. Sin embargo, esto diluye el porcentaje de los fundadores.

Utilicemos un ejemplo. Usted tiene una botella de zumo de manzana. Le añade una taza de agua. Ahora tiene más en la botella pero el zumo está menos concentrado. Este ejemplo se puede aplicar en financiación.

- Digamos que usted y su cofundador tienen un 80%. Si hay tres cofundadores, cada uno tiene el 26.7% (un tercio del 80%) de la compañía. (El 20% restante son opciones de acciones para empleados futuros entre otros.)

- Usted estima que necesita $200K para su pista. Le ofrece el 20% de la compañía a los inversores si invierten $200K.

- La compañía crea 200.000 acciones adicionales para el inversor. El inversor paga $200.000 por las acciones (un dólar por acción). Esto incrementa la valoración de su compañía a un $1m (si el 20% son $200K, entonces el 100% es $1m).

- La compañía ahora tiene 1.200.000 acciones. El nuevo inversor tiene el 16.66% de la compañía (200.000 dividido por 1.200.000 acciones = 0,1666 X 100 = 16,66%). Pagó el 20% y obtiene el 16.7%. Algo mágico, ¿no?

- Su 26.7% como cofundador también está afectado por las nuevas acciones. Después de crear las nuevas acciones, su porcentaje cae del 26,7% al 22,3% (26,7 / 1,200 = 22,3%). Se ha diluido. Tiene menos parte de la compañía. Por el lado bueno, sus acciones incrementan de $0,0001 a un valor de $1,00. Sus acciones ahora tienen valor. Antes tenía el 26,7% de nada. Ahora tiene el 22,3% de un millón de dólares.

La dilución es mala para los primeros inversores, por lo que se defienden con derechos prorrateados (que se encuentran en la siguiente sección).

Cada ronda de inversión vuelve a diluir al equipo original. Cuando los fundadores se diluyen hasta el 5%, ven que no hay muchas razones para trabajar duro, especialmente cuando los inversores reciben todo el dinero, así que renuncian. Los inversores en algunos países aún no han aprendido esto. Esta es otra razón por la que no debe dar a sus cofundadores el 5%. Después de algunas diluciones, lo dejarán. Los inversores aprendieron que les beneficiaba no asumir demasiado de la compañía.

Esta es otra razón para no tener ocho cofundadores. Divida el 80% de las acciones entre ocho y cada uno obtiene el 10%. Tras unas pocas rondas de financiación, este porcentaje se diluye muchísimo.

Derechos Pro-Rata

Otra demanda de los inversores son los derechos pro-rata. Si usted recauda fondos adicionales, él quiere el derecho de comprar más acciones para mantener su porcentaje de la compañía.

Si el inversor tiene el 16,7% y usted hace otra ronda de financiación, su porcentaje será diluido al 11.9% (16,7 / 1.400 = 11,9%) Para prevenir la dilución, él puede aportar más dinero para mantenerse al 16,7%.

Sin embargo, los fundadores no consiguen derechos pro-rata por lo que son diluidos con cada ronda de financiación.

Acciones Preferidas

Otro problema con los inversores son las acciones preferidas. Usted tiene acciones comunes, pero los inversores obtienen acciones preferidas.

Esto significa que tienen los primeros derechos sobre el dinero cuando usted vende la compañía.

Si él aporta un millón de dólares con la esperanza de un retorno 10 veces superior, obtiene el primer millón que invirtió al inicio más $10m de la venta. El dinero sobrante es dividido dependiendo del valor de las ganancias. Si el inversor también tiene el 30%, obtiene el 30% de lo que resta.

Si usted vende la compañía por $100m, él obtiene $1m, $10m y $30m. Lo que sobra es para su equipo.

Pero ese es el problema. El inversor tiene pocos incentivos para realizar una gran venta porque le va bien con una pequeña venta, y es más fácil hacer una venta pequeña. Si él consigue una oferta de $10m, vende la compañía y obtiene 10 veces más de la inversión inicial. Usted obtiene el resto, que es cero.

Los inversores también pueden expulsar a los fundadores y si los fundadores no han pagado por sus acciones, ellos pueden adueñarse de estas acciones. Trabajé en una startup donde el VC trató de despedir a un cofundador para obtener sus acciones, pero los otros cofundadores amenazaron con renunciar.

Cuando los VCs financian una compañía, la incorporación original de la compañía se cancela y se crea una nueva incorporación. Los VCs lo hacen para asegurarse el control. Un multimillonario de Silicon Valley usó esto para quitarle las acciones a los fundadores. Ellos habían trabajado duro durante años para construir su startup. Él ganó más dinero. Los fundadores no obtuvieron nada.

¿Está empezando a notar un patrón aquí? Es injusto, pero tienen el dinero y deberá aguantarlos hasta que tenga su propio dinero y no tenga que tratar con ellos nunca más.

Su Meta a Largo Plazo para la Financiación

Hasta ahora, hemos cubierto las tácticas y los métodos de financiamiento. También está la estrategia de financiación.

La financiación de startups no es solamente una ronda tras otra de financiación. Si los inversores obtienen muchas acciones al principio, se convierte en un problema porque varias rondas de dilución reducen a los inversores a casi cero.

También necesita considerar la estrategia de salida. Muchas compañías recolectan varias rondas de financiación y se venden por cientos de millones de dólares, cuando otras compañías recaudan solo lo que necesitan y son vendidas por menos, aun así los fundadores terminan con más.

Si su proyecto funciona, lo que significa que su proyecto hizo dinero o al menos no perdió dinero, sus inversores esperarán que les ofrezca ser parte de su siguiente proyecto.

Trabaje con sus asesores financieros, abogados y los inversores que quieran una relación a largo plazo.

¿Cuáles son las Tendencias Actuales en la Financiación?

Esta es una pregunta común. Ahora ya sabe la respuesta. Las tendencias no importan. Cuando encuentre un problema que necesita una solución, puede construir una startup.

Lo mismo con las burbujas. ¿Hay una burbuja? Sí, por supuesto. Un montón de unicornios están extremadamente sobrevalorados. Cuando la burbuja explota, esas son las compañías que desaparecerán y los empleados serán despedidos. Pero las compañías que resuelven problemas reales sobrevivirán.

Aprenda Más Acerca de Financiación

Usted está en un mala posición en relación a los VCs. Esta puede ser su tercera o cuarta startup, pero los VCs han hecho más de 100 tratos y pasan todo el día jugando al golf con otros VCs donde comparten consejos sobre cómo aprovecharse más de los fundadores.

Los periódicos y las revistas (incluyendo el *Wall Street Journal*) no cubren muy bien las startups y el capital de riesgo. Los periodistas no son expertos financieros y no entienden lo que en realidad está pasando.

Aquí tiene algunos sitios donde puede aprender más:

• VentureBeat.com: Página web para la industria de riesgo.

• Investopedia.com: Aprenda más acerca de inversiones.

• TheTrustedInsight.com: Socios limitados (son los que invierten en VCs) utilice *Trusted Insight* donde 60.000 socios limitados en 98 países comparten información acerca de VCs. Es Yelp para socios limitados.

Necesita asesores financieros que puedan negociar con los VCs a su nivel.

Resumen: Un Koala en una Barbería

Después de pasar la mayor parte de su tiempo en los últimos seis meses hablando con inversores, finalmente obtiene fondos.. Firma todo el papeleo, la secretaria del VC reserva una mesa en Evvia, todos brindan por el futuro, el VC le da un cheque y a las 11:45 pm, usted vuelve a trabajar. Puede pasar al siguiente capítulo.

¿Quiere escuchar un chiste?

Este fundador se reúne con los VCs de Nueva York. Le preguntan, "entonces, ¿cuál es su propuesta?" y él dice, "Vamos a poner un koala en una barbería." Los VCs de Nueva York le dicen que es una idea ridícula y no le financiarán.

Entonces se reúne con los VCs de Boston. "¿Cual es su propuesta?" "Vamos a poner un koala en una barbería." El VC le dice, "¡Espera, chicos, venid y escuchad esto, es la idea más estúpida que vais a escuchar!"

El fundador no se rinde. Va a Silicon Valley y se cita con los VCs.

"¿Entonces cuál es su propuesta?"

"Vamos a poner un koala en una barbería."

El VC de Silicon Valley lo piensa un momento y le dice, "¿No sería mejor con dos Koalas?"

Algunos críticos dijeron: "No lo entiendo". Es una broma de SV. Los inversores de Nueva York son muy conservadores. No ven más allá, y por eso dicen que no. Los VCs de Boston piensan que son listos, cuando en realidad no tienen ni idea, por eso insultan a los fundadores. Los VCs de Silicon Valley ignoran la realidad y buscan ideas locas. Claro que es una tontería poner un koala en una barbería. Debería ser un Canguro.

8: Cosas aburridas: Finanzas

Para un startup semilla, no llevará mucho en el camino de las finanzas. No está ganando dinero y no tiene fondos, por lo que no hay mucho que tratar. No contrate a un contable o CPA todavía

Habrá algunos costes. Lleve un registro de ellos para que pueda ser reembolsado más tarde. Estos son sus préstamos a la startup.

Recolecte todo: suministros de oficina, franqueo, facturas de restaurantes, billetes de autobús, billetes de tren, millas, lo que sea

En el recibo, escriba una breve nota para recordarle qué es o con quién se reunió. Cuando conduzca para una reunión, escriba una breve nota, como "Evento de lanzamiento de Twitter de Palo Alto a San Francisco, 7 de diciembre de 2016". Use Google Maps para saber la distancia y multiplíquelo por dos para el viaje de ida y vuelta.

Obtenga un sobre o una carpeta grande y deposite allí sus recibos en papel. También puede usar su teléfono móvil para hacer fotos de los recibos. Guárdelos hasta que contrate un contable.

Cuando obtenga fondos, se incorporará y luego podrá contratar a un contable o CPA que tenga experiencia con startups. Puede aconsejarle sobre la estructura financiera para su startup y organizar sus recibos e impuestos.

Su contable averiguará si un recibo es un gasto comercial válido o no. En caso de duda, déjelo allí y divierta a su contable.

Para encontrar un contable, hable con sus asesores o amigos que hayan creado startups.

Cosas de dinero

Como director de la compañía, usted tiene un deber fiduciario con sus inversores. Este término legal significa que debe administrar su dinero de manera responsable. Si no lo hace, sus inversores pueden demandarlo.

No use su dinero para ir de fiesta o comprarse un Ferrari. Si sus inversores descubren que está malgastando su dinero, no obtendrá más fondos. Guarde los recibos de cada gasto.

Abra una Cuenta Bancaria Para Negocios

Cuando se incorpora, obtiene un Número de identificación de empleador (EIN) que utiliza para abrir la cuenta bancaria de negocios. No importa si usted es ciudadano estadounidense o no. Todo esto se puede hacer por correo electrónico

Use la Cuenta Bancaria de su Compañía

Solo el fundador y quizás otro deben tener permiso para iniciar sesión en la cuenta bancaria.

No permita que nadie más firme la cuenta bancaria. El contable o el CPA pueden tener derechos de lectura, pero no pueden firmar

Varias veces, he estado en compañías donde gente de confianza tuvo problemas financieros personales y pidieron préstamos de la cuenta bancaria de la compañía. Tenían la intención de devolverlo, pero no pudieron.

Esto incluye a los directores superiores de la corporación. El director financiero de una gran empresa de Silicon Valley robó $ 65 millones para cubrir sus pérdidas en el juego de Las Vegas.

Nóminas

En primer lugar, no debe tener personal. Eso es para después. Pero se habla mucho sobre la nómina para nuevas empresas, así que aquí hay algunas líneas. Y además, este capítulo será muy corto :-)

Créame, es mucho trabajo hacer nóminas. Solíamos hacer esto en nuestras startups. No tiene tiempo para eso. Utilice un servicio de nóminas. Es más fácil y más barato que hacerlo usted mismo o contratar a su propio encargado de nóminas.

Su empresa tiene que retener los impuestos de nóminas y pagarlos a los departamentos de impuestos estatales y federales.

En enero, envíe formularios de impuestos W2 a sus empleados para enseñarles sus ingresos del año anterior y puedan preparar sus impuestos. Estos deben ser enviados dentro de un plazo. Si llega tarde hay sanciones.

Usted también paga el seguro de compensación para trabajadores.

También debe verificar que sus empleados estén autorizados para trabajar en los Estados Unidos.

Si emplea contratistas, utilice un formulario de impuestos del IRS 1099. Usted le entrega el formulario en blanco a su contratista, quien lo rellena y lo firma. Debe obtener el formulario 1099 firmado por el contratista antes de pagarle. Varios contratistas saben que si usted paga primero, no firmarán el formulario y el IRS lo obligará a usted a pagar los impuestos. Una vez que haya pagado, será muy difícil que firmen el formulario. Ya que quieren que les paguen, puede pedirles que firmen primero.

La información en línea de Y-Combinator le dice a la gente que trabajar de forma gratuita es ilegal y, como usted es un empleado de su empresa, debe pagarse un salario. Esto es incorrecto. Como fundador, no es un empleado, así que puede trabajar gratis para usted. Puede elegir convertirse en un empleado de su empresa y luego pagarse un salario, pero esa es una opción. Si contrata personal en California, tiene que pagar un salario mínimo.

Sí, puede trabajar gratis. Tiene derecho a explotarse. Si no le gusta, puede formar un sindicato y hacer una huelga contra usted mismo. Sin embargo, la huelga puede continuar para siempre si la gerencia se niega a hablar con los trabajadores, así que para terminar la huelga, comience a hablar consigo mismo y todos pensarán que está loco.

Resumen

Contabilidad, finanzas e impuestos son como lavarse los dientes: es algo que tiene que hacer, pero no es la razón de levantarse por la mañana

Su trabajo es formar un equipo y desarrollar excelentes productos. Para eso sí vale la pena levantarse de la cama.

9: Vendiendo Su Startup

Para este capítulo, necesitamos algunos términos más de Silicon Valley:

- La salida: La salida es su objetivo para la empresa. Hay varias formas de salir: usted vende, hace una OPI, cierra la empresa. La gente le pregunta: "¿Cuál es su estrategia de salida?" O "¿Cuál es su salida?"

- Clases de activos: cuando tenga $ 100 millones, su asesor financiero le recomendará que diversifique su patrimonio en cuatro tipos de activos: efectivo, acciones, bonos y activos alternativos (como terrenos, edificios, obras de arte, diamantes, etc.). La capacidad de convertir el valor de una clase de activo a otra es la liquidez.

- Liquidez: Digamos que tiene un diamante de un quilate que vale $ 1.000. El diamante y el efectivo tienen el mismo valor, pero las transacciones con los diamantes llevan tiempo y es posible que no obtenga el valor total, por lo que tiene poca liquidez (es ilíquido). El valor del efectivo es fácil de convertir en otras cosas (comprar una taza de café, etc.) y usted no pierde un porcentaje del valor, por lo que el efectivo es altamente líquido.

- El Evento de Liquidez: Es cuando vende su empresa. El evento de liquidez es la venta, fusión, salida a bolsa, etc. Cuando vende el diamante, convierte el valor del diamante en efectivo. Lo mismo con su startup. Digamos que su valoración es de $ 10m. Cuando vende la empresa, convierte su valor en efectivo.

- Adquisición: una empresa adquiere su empresa, lo que significa que compran su empresa.

- IPO (oferta pública inicial): cuando los inversores invierten en su empresa, usted les está vendiendo sus acciones. Eso es una venta privada. Ambas partes se conocen. También puede vender sus acciones en un mercado donde cualquier persona puede comprar tanto o tan poco como quiera y probablemente nunca se encontrará con los compradores. Eso es un mercado de valores público, como Wall Street. La OPI es el primer día que ofrece sus acciones en el mercado abierto.

La Liquidez y la Salida

El objetivo del negocio es un evento de liquidez, en el que convierta el activo (su empresa) en efectivo para poder comprar otras cosas (una casa, lo que sea).

Así que el objetivo de negocio para su startup es la salida. Hay cinco resultados posibles, así que primero veámoslos y luego hablemos de lo que significan.

Cinco Maneras en que su Startup terminará

Idea clave: Hay cinco formas en que su compañía terminará:

- **Cierre**: Usted configura la compañía, la administra por un tiempo, se queda sin dinero y cierra. Puede ser un cierre elegante donde usted paga sus facturas, tiene una fiesta de despedida y devuelve el dinero restante a los inversores. O puede estrellarse contra el suelo, las facturas no se pagan, usted huye del desorden y el personal empuja las ventanas para entrar y robar sus ordenadores y sillas de oficina (¿cree que me lo estoy inventando?). El 80% de las empresas cierran en tres años.

- **Zombie**: Usted comienza la compañía, pero después de unos años, solo gana $ 30,000 al año, lo cual no es suficiente para crecer, pero se niega a rendirse porque siente que se acerca el gran día y esto continúa durante diez años hasta que finalmente se estrella. La compañía es un zombie porque no está vivo ni muerto.

- **Estilo de vida**: usted creó la compañía, tiene éxito y gana $ 10-20m cada año, por lo que vive la Buena Vida: casa grande, su mujer lleva a sus dos hijos a jugar al parque, cuatro coches aparcados enfrente, un bote amarrado en las Bahamas, una novia en Las Vegas, y todos los días a las dos de la tarde, sale a jugar golf. Usted y sus vicepresidentes viven así durante el resto de sus vidas. La empresa paga su estilo de vida. Cuando inicie su empresa, no le diga a los inversores que planea hacer esto. Quieren que las empresas crezcan a lo grande y tengan un evento de liquidez dentro de cuatro o cinco años. Definitivamente no quieren pagar a sus amigas en Las Vegas. Las empresas de estilo de vida generalmente son asumidas por los niños que heredan. Unas décadas más tarde, los nietos se hacen cargo de la empresa familiar y, en general, la venden dentro de unos años para poder invertir en Cosas Grandes. Unos años después, lo han perdido todo.

- **IPO**: Usted configura la empresa. Su equipo decide ir a por una salida a bolsa. Esto llevará de cinco a siete años. En 2002, después del fraude de acciones de dotcom, el Congreso de los EE. UU. Aprobó las leyes Sarbanes-Oxley para proteger a los inversores. SarBox (o SOX) requiere un amplio seguimiento financiero y contable, por lo que tendrá que recaudar otros $ 5-10 millones para pagar el cumplimiento de SarBox. Los banqueros de inversión trabajan con usted para preparar a su compañía para la OPI. En el gran día, vas a Wall Street y tocas el timbre. Una IPO lleva mucho tiempo y es costosa, por lo que pocas compañías la solicitan. Si la IPO no funciona, la empresa se vende o se bloquea.

- **Adquisición:** Usted emprende su startup para venderla a una compañía más grande. Su empresa es un objetivo de adquisición. Tiene un pequeño equipo co-fundador, unos pocos asesores y quizás unos pocos inversores. La compañía se vende a los 12-18 meses (o, a veces, en unos pocos meses) por $ 5-10 millones. El comprador, o bien compra la startup y usted se marcha; o compran la startup y usted se queda; o compran la startup, la dejan caer, y se queda. En el último ejemplo, es un contrato de adquisición (acquihire) donde su objetivo es conseguir un equipo de desarrolladores sólido.

De los cinco modelos, la adquisición es la más fácil de lograr. Trabaja duro durante poco tiempo y luego vende la startup.

Su Estrategia y Salidas

Las entrevistas con los fundadores generalmente tenían muchos comentarios sobre la estrategia de salida. Los que lo hicieron varias veces dijeron que es posible que tenga un plan de dos o tres años con una salida, pero a medida que desarrolle su producto y evolucione desde una nueva etapa inicial hasta una compañía en etapa intermedia, las cosas cambiarán. Sus razones y objetivos personales para construir la startup también cambiarán.

Durante el proyecto, céntrese en hacer crecer la empresa. Cuanto mejor sea el producto, más clientes y mayores los ingresos, mayor será el valor que tendrá para la salida. Lo que venderá es una empresa que gana dinero. Todo lo demás es decoración en la tarta. Lo que compran es la tarta, no las velas.

Debe establecer un objetivo general a largo plazo, tal vez $ 10m en 24 meses, pero tener objetivos claros a corto plazo. Cada seis meses, retroceda y revise sus objetivos y cómo ve el proyecto.

➔ Varios fundadores me dijeron que empezaron con la idea de vender la compañía, pero después de varios años en los que han invertido tanto, es difícil vender la compañía. Es como vender a su bebé.

➔ Una salida de nueve meses es muy rápida. Algunos me hablaron de salidas de tres meses. Generalmente es de doce a dieciocho meses y, a veces, tres años.

Las compañías de estilo de vida son atractivas porque lo configura y vive de ella por el resto de su vida. Hace cien años, esto estaba bien porque las empresas podían durar cincuenta o setenta años. Pero la competencia global de hoy y la rápida evolución de la tecnología significa que las empresas pueden hacer lo mismo durante solo diez o veinte años. Las empresas deben innovar constantemente o se vuelven obsoletas.

Salidas y Sus Inversores

Discuta la salida con sus cofundadores e inversores para ver qué quieren. Desarrollen un plan general con un calendario de objetivos.

Algunos cofundadores quieren una adquisición rápida en la que trabajar duro durante un año, vendan la compañía, ganen dinero, vivan en la playa para siempre o pasen al próximo proyecto. Otros co-fundadores pueden querer estar en una compañía estable durante mucho tiempo.

Lo mismo con los inversores. Algunos quieren invertir su dinero y obtener una venta rápida para un aumento multiplicado por 10 de su inversión. Otros, sin embargo, quieren que continúe haciendo crecer la empresa durante cuatro, seis o diez años, lo que les genera más dinero. Quieren que su inversión se convierta en una compañía de mil millones de dólares. Estos inversores le ven como su empleado. Esta es la razón para la adquisición de cuatro años; Los inversores quieren encadenarle a la empresa. Sin embargo, no hay obligación de que los inversores se queden.

Debería haber consenso entre los cofundadores e inversores sobre la salida. Si algunos piensan que puede convertirse en una compañía de miles de millones de dólares o que quieren una compañía de estilo de vida, resistirán los esfuerzos para venderla. Si hay una oferta de $ 10 millones para su startup, usted la querrá, pero el VC quiere un Dassault Falcon ($ 60 millones con bañera de hidromasaje a bordo), rechazará la oferta y solicitará $ 100 millones. Si falla, a él realmente no le importa porque ya es rico.

Sin embargo, los cofundadores e inversores están interesados en conocer las adquisiciones de otras compañías porque les da una idea del valor de su compañía. Dígales si conoce que alguna compañía similar recaudó $ 2 millones y se vendió a otra compañía dos años más tarde por $ 10 millones con un retorno multiplicado por 5.

→ En algún momento al principio, debe pensar en lo que quiere. Varias personas me dijeron que cuando empezaron querían dinero, pero después de varios años (y varias empresas nuevas), se dieron cuenta de que querían su propia empresa con un ingreso estable. Otros estaban felices de vender para poder comenzar el próximo proyecto.

→ La salida también depende de su mercado. La mayoría de los mercados permanecen estables durante años, pero algunos mercados existen solo por un corto período de tiempo. Las aplicaciones y los juegos son mercados donde el éxito a menudo se mide en meses. Puede tener un gran éxito, pero no puede esperar otro golpe, por lo que debe estar listo para salir cuando la empresa esté caliente.

Si Usted Está Construyendo Para la Adquisición

Si está creando un objetivo de adquisición, no contrate personal que no será necesario, como ventas y marketing, pagos, contabilidad y recursos humanos.

El comprador ya tiene estos equipos y herramientas, por lo que simplemente despedirán a estas personas y departamentos.

No firme acuerdos a largo plazo para oficinas, equipos de oficina o automóviles de la empresa.

Por Qué Compran Su Empresa

Hay muchas razones por que las que grandes empresas compran pequeñas empresas:

- Innovación: Las empresas quieren añadir nuevos productos. Cisco ha comprado más de 130 empresas.

- Valor futuro: su startup solo puede ganar $ 1 millón por año hoy, pero tiene el potencial para ganar $ 10 millones por año en dos años. El comprador no está comprando el valor de este año. El comprador quiere el valor potencial en dos años.

- Mostrar crecimiento: las grandes empresas quieren mostrar crecimiento a los inversores. Esto eleva las expectativas de crecimiento futuro, lo que aumenta el precio de las acciones. Por eso Facebook compró WhatsApp.

- Entrar en nuevos mercados. Las compañías pueden ingresar a un nuevo mercado comprando una compañía establecida en ese mercado. Google entró en el mercado de los teléfonos móviles comprando Motorola.

- Competencia: las empresas compran startups como parte de su estrategia competitiva frente a otras empresas. Google compró Google Docs para molestar a Microsoft Office.

- *"Acquihire"*: Las empresas compran startups para contratar a los expertos. Facebook compra un paquete de seis compañías de inteligencia artificial.

- Mantenerse alejado: al igual que los niños en un patio de recreo, las compañías compran algo solo para que otra compañía no pueda obtenerlo. Oracle compró SUN para mantenerlo alejado de Microsoft.

- Cierre las amenazas potenciales: las empresas compran competidores potenciales para deshacerse de ellas. Oracle compró PeopleSoft y lo cerró.

- Estupidez: hay muchos ejemplos de acuerdos que no tienen sentido, como la compra de Time-Warner por 165 millones de dólares de AOL, que fue una gran pérdida.

Estos puntos le dan la oportunidad de presionar a las empresas para que le compren. Puede aterrorizar al líder del mercado con su velocidad, lo que significa la rapidez con la que obtiene clientes, ingresos y participación de mercado. Lo comprarán para agregar sus números a ellos, deshacerse de usted como competidor o evitar que otra compañía lo compre. También puede ir a la compañía número dos y pedirles que le compren para poder convertirse en el número uno.

Lo que significa que debe estar en contacto con compradores potenciales al principio. Las grandes empresas tienen un vicepresidente de adquisiciones que se encarga de comprar empresas. Encuéntrelo, reúnase con él y manténgase en contacto con él.

M&A e IBs

Es posible que conozca tres o cuatro compañías que desean comprar su compañía, pero no tiene una visión general del mercado, por lo que perderá oportunidades. Debe incorporar personal de fusiones y adquisiciones (M&A por sus siglas en inglés) y banqueros de inversión (IB por sus siglas en inglés). Compran y venden empresas.

Tienen equipos para investigar el mercado y encontrar quizás 100 compradores potenciales. Los compradores se clasifican en grupos A, B y C. El grupo A es el comprador ideal. El grupo B es aceptable. El grupo C son compradores sin ninguna buena razón para comprar su empresa.

A menudo verá que una compañía fue comprada por otra, pero nadie puede explicar el trato. Eso fue una venta de C.

Encuentre un M&A/IB en quien pueda confiar. Debería ser a través de referencias de amigos cercanos que no están recibiendo una comisión. Debe tener cinco años o más de experiencia y haber hecho al menos cinco acuerdos. Hable con al menos tres y elija al que mejor se alinee con usted. Debe hacer la diligencia debida sobre la persona.

Puede agregar a la persona de M&A/IB a su equipo asesor. Le aconsejará sobre cómo preparar su empresa para la venta y le ayudará a establecer el precio. Puede llevar nueve meses o más hacer el trato.

Asegúrese de que M&A o IB entiendan su producto y mercado. Haga preguntas para ver si ha leído el material y lo entiende.

Ella saca brillo a la manzana. Hablará con compradores potenciales para crear la fiebre de la subasta. Ella le dirá a cada uno, "Estamos hablando con otros compradores"; "Mejor date prisa"; "Debido a que eres mi amigo especial, ¡te dejaré conseguir esto!"

La tarifa de M&A/IB puede ser del 2% al 5% más $ 5-10 mil por mes. O usa la Fórmula Lehman, que es el 5% del primer millón; 4% del segundo millón; El 3% del tercer millón; 2% del cuarto millón; 1% del quinto y siguientes millones; o 5-10% de la venta total. Todo esto es negociable.

No puede entregarle el trato a ella. Al igual que todo lo relacionado con su startup, debe estar profundamente involucrado en la venta. El VC y el M&A/IB hacen muchos tratos y, si uno falla, no es un problema para ellos, pero para usted, esta es su oportunidad de ganar una cantidad significativa de dinero.

➜ Varios fundadores dijeron que esto depende del país. Silicon Valley ha estado aquí durante varias décadas, al igual que muchos M&A/IB con muchas conexiones y experiencia. Sin embargo, otros países no tienen experiencia. Sus M&A/IB tienen poca idea de qué hacer. Las startups trabajan con sus inversores y asesores para organizar la venta. Debido a las regulaciones del gobierno de los EE. UU, y las reglas de Wall Street, existe transparencia sobre los datos financieros en Silicon Valley. Pero en muchos otros mercados, es el salvaje oeste. Cualquiera puede decir cualquier cosa y no importa porque seis meses después, todo cambia. Los fundadores que aprenden rápido y se mueven rápido pueden crecer en el caos.

➜ Hace un par de años, dos estudiantes de Stanford idearon una herramienta. Podían escribir el código, pero no conocían el mercado, así que me uní como su asesor estratégico. También escribí la documentación y el sitio web. Construimos todo en los servidores de Stanford. Los dos ingenieros también trajeron a una mujer que hizo M&A. Calculamos que llevaría seis meses, por lo que escribimos una lista de especificaciones (lo que haría la herramienta) para ella y ella comenzó a buscarla. Al cabo de cinco meses, le dijo a seis grandes compañías que ella y un abogado estarían en la habitación 88 del Hilton de Palo Alto a las 4 p.m. el 16 de julio donde las empresas podrían entregar sus ofertas. Dos horas después, felicitó al ganador, que anunció a la mañana siguiente que había desarrollado la herramienta. El producto tenía un título de trabajo que era una variable en el software: simplemente cambie el título y el producto tenía un nuevo nombre. Tuvo mucho éxito y muchos de ustedes lo usaron. El equipo entero eran seis personas; todo fue hecho desde casa; Solo nos vimos en persona unas cuantas veces.

Modelos de Valoración: El Precio de Su Startup

Idea clave: utilice modelos de valoración para calcular el precio de su startup. Estos modelos incluyen:

- Coste de construcción más un múltiplo
- Las ganancias más un múltiplo
- Ingresos más un múltiplo
- Ofertas comparables
- Peso promedio

Divertido, ¿no? Así como hay trece formas de ver un mirlo, hay muchas formas de calcular la valoración.

Vayamos a través de estos:

Coste de construcción más un múltiplo

¿Cuánto le costaría al comprador construir la misma cosa?

Sume el coste de un equipo, espacio, herramientas, inversión, pizza, etc. Se multiplica eso por tres años.

Digamos que se necesitan $ 5 millones para construir la empresa.

$ 5m x 3 años = valoración de $ 15 millones

Es posible que a su equipo le lleve un año hacer esto, pero son años perros. La gente normal necesita tres años.

Las Ganancias Más un Múltiplo

Usted compara los ingresos de su industria con la valoración de la industria.

Encuentre los ingresos de cada empresa en su industria. Por ejemplo, cinco compañías tienen $ 100 millones en ingresos totales (A = $ 10 millones, B = $ 20 millones, C = $ 30 millones, D = $ 20 millones, E = $ 20 millones). La valoración para la industria es de $ 500 millones. La relación de ingresos a valorar se multiplica por 5, por lo que la valoración de cada compañía es 5 veces sus ingresos.

Si los ingresos de su empresa son de $ 10 millones, entonces...

$ 10 millones en ingresos X proporción 5 = valoración de $ 50 millones

Valoración Media

Encontrará la valoración para toda la industria y la dividirá por el número de empresas en la industria para obtener la valoración promedio.

Por ejemplo, la valoración de la industria es de $ 200 millones y hay diez compañías en la industria, por lo que es una valoración promedio de $ 20 millones para cada compañía.

$200 millones de valoración total de la industria / 10 compañías = $ 20 millones de valoración promedio

Ofertas Comparables

Usted encuentra ofertas similares recientes para la compra de otras empresas.

En los últimos 12 meses, cuatro compañías se vendieron por $ 10 millones, $ 12 millones, $ 15 millones y $ 8 millones para un total de $ 33 millones. Divida $ 33 millones por cuatro compañías para obtener un precio promedio de $ 11.25 millones.

($10m + $12m + $15m + $8m) / 4 cuatro empresas = oferta promedio de $11.25m

El Promedio de Todos los Modelos

Y luego está el promedio de todo lo anterior. Puede sonar un poco tonto, pero también es una fórmula.

Calcula cada fórmula, obtiene cuatro números y luego encuentra el promedio.

$ 15m + $ 50m + $ 20m + $ 11.25m = $ 96.25m / 4 = promedio de $ 24m

Valor por Usuario por Valoración

Muchas empresas de redes sociales utilizan el valor de cada usuario en función de la valoración de la empresa.

Si una empresa similar tiene 100 millones de usuarios y vale $ 1B, entonces cada usuario cuesta $ 10. $ 1B de valoración / 100 millones de usuarios = $ 10 de valor promedio por usuario

También puede ver los ingresos por usuario (por ejemplo, $ 20 por año) y luego multiplicarlos por varios años para obtener un valor proyectado de por vida.

100 millones de usuarios X $ 20 por usuario X 3 años = valoración de $ 6B

Valor Futuro del Flujo de Ingresos

También puede utilizar el flujo de ingresos futuros de la startup para la negociación. En lugar de vender la startup por los ingresos de este año, puede mostrar el historial de crecimiento para demostrar que la startup tendrá mayores ingresos en dos años. Por lo que puede utilizar los ingresos futuros para calcular la valoración.

¿Qué Modelo de Valoración?

Todavía hay más modelos de valoración. Algunos fundadores construyeron elaboradas hojas de cálculo para calcular la valoración. Pregunte a sus co-fundadores, asesores, inversores, otros fundadores y sus M & A / IB. Tendrán más modelos de valoración.

Entonces, ¿cuál usa? Todos ellos. Vaya a través de cada fórmula y calcule los valores. Cuando entre en las negociaciones, tendrá más cartas en su mazo de naipes.

Comprador vs. Vendedor

También es una cuestión de lo que quiere cada lado. Si los modelos de valoración dicen que la puesta en marcha vale $ 10 millones pero quiere $ 30 millones, entonces hágalo. O el comprador pagará $ 7 millones pero no más que eso. ¿Cuánto quiere conseguir? ¿Cuánto está dispuesto a pagar el comprador?

El número final se reduce a las emociones y la persuasión. Un vendedor experimentado puede empujar al comprador a pagar más. O si está desesperado, cogerá menos.

➜ Si estima que debería obtener $ 20 millones, pida $ 40 millones. O $ 100m. Es póker y no hay reglas. El precio es la cantidad que el comprador está dispuesto a pagar o el vendedor está dispuesto a aceptar.

¿Qué pasa con las Valoraciones de los Unicornios?

Un puñado de empresas tienen valoraciones de miles de millones de dólares. La valoración de Uber es de $ 70B, que es 7 veces mayor que el valor del mercado anual de taxis en Estados Unidos. Snapchat pierde $ 10 millones por mes, pero está valorado en $ 25B. ¿Cómo funciona? ¡Esa es la magia del capitalismo! :-D

Hace veinte años, las compañías de capital privado esperaban la IPO para comprar acciones. Ahora, están invirtiendo en unicornios pre-IPO y compitiendo por acciones con los VC. Estos inversores ofrecerán una valoración más alta para que se les permita invertir.

Este es también un problema de oferta y demanda. Los grandes inversores que manejan decenas de miles de millones de dólares necesitan salidas de miles de millones de dólares, pero solo hay unos pocos unicornios, por lo que invertirán mucho en estas compañías.

→ Algunos unicornios se han vuelto tan grandes que pueden cambiar la definición de su mercado. Por ejemplo, Uber comenzó como un taxi bajo demanda, pero expandió el concepto de su mercado al crear nuevos tipos de clientes, como la cuota de viaje, que no existía antes. También está inventando nuevos mercados, como los camiones de carga automatizados y las furgonetas de reparto automáticas. Cuando hace clic en Uber en Dubai, Nairobi o NYC, puede elegir un automóvil o un helicóptero. Si considera el potencial, es posible que Uber esté subvalorado.

Hay otra forma de ver esto. En algunas startups, el modelo de negocio consiste en recaudar dinero constantemente con base en promesas descontroladas de $ 25B de IPO. En algún momento, eso se desmorona, pero hasta entonces, hay siete años gordos de grandes bonos y grandes fiestas.

Espera, veo una mano en la audiencia. Sí, tú en la espalda. De acuerdo, su pregunta es: "¿Cómo puede una compañía valer miles de millones si no gana dinero?" Esa es una gran pregunta y usted gana una copia de este libro.

Algunas de estas compañías están flotando con grandes promesas de que los inversores deberían mirar hacia ese horizonte lejano donde los conejos están cantando, los ciervos están bailando y el sol brilla toda la noche, y cuando lleguemos allí, todos serán tan ricos que " Estaré cansado de ser rico. ¡Por tu pequeña inversión de $ 10 millones, tú también puedes ser parte de esa aventura!

Los VC, la junta directiva y otros están haciendo promesas que pueden o no suceder, pero hoy, están sacando dinero de la compañía.

Esto es lo que sucedió en Theranos. Un grupo de VCs y una directiva de súper estrellas lo subieron a una valoración de $ 6B en un producto que nunca funcionó. Hoy en día, la empresa vale cero. En el lado positivo, Hollywood está haciendo la película con Jennifer Lawrence.

Por cierto, estas compañías se llaman "unicornios" porque los unicornios son bastante raros. Hay más de 30,000 startups, pero solo unos pocos cientos tienen valoraciones de miles de millones de dólares.

Valoraciones Tontas

También hay formas tontas de establecer la valoración. Una startup se reunió con un VC y pidió $ 7 millones. El VC preguntó: "¿Por qué siete millones de dólares?"

El fundador dijo: "Somos siete y cada uno vale un millón".

Así que el VC respondió: "¿Por qué no coges a dos personas más de la calle y pides $ 9 millones?"

Valoración y Descuento de Liquidez

¿Recuerda al principio de este capítulo que hablamos sobre la venta de diamantes? Un día descubrirá que su diamante de $ 1,000 recibirá tal vez $ 500 cuando lo convierta de valor de diamante a valor en efectivo. Ese es el descuento de liquidez.

Si quiere dinero en efectivo para su compañía, el comprador solicitará un descuento de liquidez, lo que significa que quiere pagar menos.

El descuento de liquidez puede ser del 25-30% de la cantidad, por lo que para una oferta de $ 10 millones, obtendrá alrededor de $ 7 millones en efectivo.

Este es uno de los elementos en negociación, así que practique su cara de póquer.

→ Un fundador dijo que no hay un libro de jugadas para las finanzas. Todo vale. Las negociaciones pueden ser profundamente irracionales y emocionales, llenas de faroles, amenazas, mentiras y promesas falsas. Esto puede ser difícil para los fundadores que están acostumbrados a tratar con ingenieros y personal de informática.

Obteniendo los Números Reales

En las últimas secciones, escribí que debería consultar los ingresos y las valoraciones de las empresas. Pero es difícil. Está bien, es imposible. Las empresas informan de sus números solo si están obligadas por el gobierno y el mercado de valores. De lo contrario, no enseñan los números reales.

Una compañía puede decir que tiene $ 100 millones en ingresos, pero después de haber sido comprada por una compañía que cotiza en bolsa que debe presentar estados financieros, su informe de impuestos muestra que solo tenía $ 5 millones en ingresos. Los ingresos de una empresa privada son información privada y no tienen por qué decirle al público lo que realmente hicieron.

Esto significa que el número público de una empresa privada es parte de su comercialización. Muestran grandes números. Sí, las empresas mienten sobre sus números.

Cuando intente encontrar estos números, hable con M & As, IB e inversores; A veces conocen los números reales o tienen una buena suposición.

Sus Números

Entonces, ¿qué va a decir en Facebook acerca de su venta? ¿Le dice a la gente que vendió su compañía por $ 20 millones?

Si hace eso, toda la gente que haya conocido aparecerá y le pedirá dinero. También aparecerán estafadores y timadores.

➜ Es mejor no hablar de la cantidad. Usted no gana nada al compartir la información. Puede señalar el acuerdo de no divulgación y decir que no se puede discutir.

Lo Que Obtiene

¿Qué puede conseguir en una salida?

- Efectivo: Usted recibe $ 10m en efectivo.

- Acciones: Obtiene $ 10m en las acciones de la otra compañía.

- Trabajo: Obtiene un trabajo en la gran empresa. Ahora es un mono de escritorio. ¿Qué sucederá después? ¿Le despiden o renuncia?

- Todo lo anterior: obtiene efectivo, acciones y un trabajo.

- Ninguno de los anteriores: la gran empresa paga $ 10 millones, sus inversores se lo llevan todo (porque tienen acciones preferentes) y usted obtiene una camiseta.

Odio decir esto, pero el último es común. Muchas empresas tienen salidas exitosas (ganaron dinero), pero los inversores lo reciben todo y los fundadores consiguieron varios años de trabajo y un odio hacia los VC. Un VC me dijo que tal vez ocurra en un 30-40% de las OPI.

¿Efectivo, Ganancia, Distribución, Acciones?

Entonces, ¿qué obtiene? Como puede sospechar, este es otro tema complejo.

- Efectivo: Usted recibe un cheque o, si esta es la película de su startup, $ 100 en una bolsa de papel.

- Acciones: Obtiene acciones.

- Ganancia: También puede obtener un acuerdo de ganancia. Esto significa que se queda durante un año (por ejemplo) y si aumenta las ventas de $ X a $ Y, obtiene $ Z. Suena bien: tiene la imagen y el equipo de ventas de la gran empresa para obtener más ventas.

- Acuerdo de distribución: obtiene el X% de las ventas futuras.

Los acuerdos de ganancias y distribución no son buenos para usted. Cuando la gran empresa asume el control, su equipo de ventas y marketing tiene el control de su producto. El personal de ventas ha pasado años construyendo relaciones con sus principales clientes que compran productos conocidos. Su nuevo producto amenaza sus productos existentes. Así que no publicitarán su producto. La alta gerencia del comprador también se da cuenta de que son dueños de su empresa y no hay razón para que le den más dinero. Su producto no será una prioridad para nadie.

Coja el dinero y camine. Puede decidir qué hacer a continuación.

Por eso hay un descuento de liquidez. El comprador sabe que usted quiere efectivo y estará dispuesto a hacer una rebaja para obtenerlo.

¿Qué Pasa con el Grande?¿Salir a Bolsa?

Cuando incorpora a su compañía, su compañía es privada en cuanto a que usted y sus co-fundadores son dueños de las acciones.

También puede ofrecer sus acciones al público. Cuando su empresa cotiza en bolsa, cualquier persona puede acudir a un corredor de bolsa para comprar o vender acciones en su empresa. OPI significa "oferta pública inicial", que quiere decir la primera vez que vende sus acciones en un mercado de valores público, como Wall Street.

Las películas, la televisión y los libros glorifican a los fundadores de 21 años que hacen OPI y ganan $ 5B en un día.

Sucede... pero detrás de esa historia, hay una historia diferente. El banco de inversión que maneja la OPI pagará para colocar noticias en periódicos, revistas y TV para crear un frenesí entre los inversores. El banco de inversión fija el precio a $ 30 por acción, vende enormes bloques de acciones a $ 20 a sus amigos de la fraternidad en grandes bancos, y cuando publican la OPI y hay muchas noticias, la gente pequeña se apresura a comprar acciones y el precio sube a $ 75, así que los grandes bancos venden sus acciones de $ 20 el mismo día y hacen una fortuna. Unas semanas más tarde, la acción cae a $ 40. Grandes cantidades de dinero fueron transferidas de pequeños inversores a los grandes inversores.

Se pone peor. El banco de inversión sabía que las acciones irían a $ 40, por lo que le subieron a $ 30. Sus amigos internos ganan dinero, pero su compañía es estafada porque debería haber recibido $ 40 pero la mayoría de las acciones se vendieron por $ 20. Usted pierde cientos de millones de dólares. Es un juego de iniciados.

Como CEO de una empresa pública, debe mantener contentos a la prensa y a los accionistas. Si las cifras del trimestre bajan, periodistas financieros despistados le atacan y sus acciones caen. Así que está en una cinta sin fin de números.

Eso supone que seguirá siendo el CEO. Cuando los VC recurren a las OPI, están tratando con otras personas de finanzas y todos ellos prefieren trabajar con los CEOs con MBA y experiencia en fusiones y adquisiciones. En general, será reemplazado como CEO. Es una habilidad construir una nueva empresa; Es una habilidad diferente tratar con los bancos de inversión y Wall Street que han estado haciendo esto durante años.

Una nota sobre los mercados públicos. Al igual que hay mercados públicos como Wall Street para vender acciones que cotizan en bolsa, también existen intercambios privados como SharesPost y NASDAQ Private Market donde se pueden vender acciones no públicas. Pero si los cofundadores comienzan a vender sus acciones preOPI, puede afectar la valoración. Hable con sus asesores financieros sobre esto.

¿Cuál es el Mejor Modelo?

Junte un pequeño equipo. Traiga a algunos inversores que entiendan lo que está haciendo, lo apoyan y están de acuerdo con su plan general, incluida su estrategia de salida. Trabaja duro durante un año o dos y vende la compañía.

Cuando comience su segunda startup, aparecerán su equipo principal e inversores, además de sus contactos comerciales, vendedores, proveedores, etc. Todo va más rápido porque evitará errores. Tendrá relaciones cercanas con los clientes y le dirán lo que realmente necesitan.

Los Fundadores de Startups

Oscar Gómez, fundador. JuanRegala.com es el mayor comercio electrónico en Colombia para el sector de los regalos. Entrega el mismo día de flores, chocolates, arreglos comestibles y desayuno sorpresa. Resuelve la falta de tiempo para los jóvenes profesionales que desean mantenerse en contacto con sus seres queridos. Ir juanregala.com/bogota

Resumen

Así que este VC muere y se va al cielo. Pero cuando llega a las Puertas del Cielo, San Pedro le dice que la cuota del Cielo para VC está llena. No hay espacio para otro VC.

Él lo piensa por un tiempo y luego se acerca a las puertas y grita: "¡El infierno está a punto de hacer una oferta pública inicial!"

Las puertas se abren de golpe y cientos de VC vienen corriendo con la cabeza gacha.

San Pedro dice: "Bueno, tenemos una vacante, así que puedes entrar".

Y el VC dice: "Creo que seguiré a los chicos, no me lo puedo perder".

10: La Adquisición

Aparte de actualizar el libro, agregue este nuevo capítulo de adquisición porque muchas personas me seguían pidiendo más información sobre cómo vender una startup.

Cómo Construir un Estudio en Palo Alto

Pero primero, una pequeña historia. Tengo una casa pequeña en Palo Alto con un patio trasero grande. Hace unos años decidimos agregar una habitación extra en mi casa donde podría vivir mi madre. Lo construimos como un pequeño estudio con una pequeña cocina, baño con ducha, una puerta deslizante de vidrio, etc.

Hablé con algunos contratistas de construcción pero cobraban mucho dinero (es Palo Alto), por lo que empecé a pensar como lo construiría por mí mismo. Aunque casas pequeñas en Palo Alto valen más que grandes mansiones en la Costa Este, son solamente casas simples, construidas con madera básica y paredes de estuco. Compré varios libros y, sí, lo podría hacer.

Sin embargo, los códigos de construcción en Palo Alto tienen estándares muy altos. ¿Cómo de altos? Palo Alto utiliza el estándar ISO para el Programa de calificación de la eficacia del código de construcción (BCEGS, por sus siglas en inglés). Hay aproximadamente 20.000 ciudades en EE.UU y los códigos de construcción de Palo Alto la ponen entre los diez más altos. El libro de códigos es del tamaño de una guía telefónica, y no me refiero a la guía de Buck Snort, Tennessee (ese es un pueblo real) (a lado de Mousetail, Tennessee).

Si estuviéramos en otras ciudades, lo podríamos construir nosotros mismos. Pero las reglas de Palo Alto son muy detalladas para los contratistas de edificios que tienen experiencia trabajando con los inspectores de Palo Alto y solamente ellos pueden hacer el trabajo. ¿Cómo de detallado? Uno de los carpinteros puso los clavos de cimientos a dieciséis pulgadas de distancia. No, el código requiere catorce pulgadas. Sácalos y vuelve a hacerlo. La construcción llevó seis meses (en otros lados, acabaría en un mes), los inspectores venían cada dos semanas, y muchas cosas tenían que ser modificadas.

Aunque los requerimientos del código de edificios supuso tiempo y trabajo (y costo), el estudio salió muy bien.

¿Cuál es el propósito de esta historia? Este capítulo es de cómo vender tu compañía. Lo básico de comprar y vender es muy simple, pero no cuando estás vendiendo una compañía en Silicon Valley. Igual que yo no pude construir el estudio por mí mismo, tú no puedes vender tú compañía por ti mismo. Una compañía de Palo Alto puede valer desde $20 millones a varios cientos de millones de dólares y algunas se han vendido por billones de dólares. Estos tratos involucran fundadores, inversores, abogados, corredores de bolsas, y compañías, donde todos tienen complejos derechos legales y obligaciones, lo que significa que un error puede ser muy costoso o puede matar tú compañía.

Por ejemplo, una compañía (usted conoce el nombre) firmó un NDA (Acuerdo de Confidencialidad), copió un poco de código, ¡¡jaja! y unos años después, antes de poder salir a bolsa, tuvo que pagar cerca de un billón de dorales para resolver ese NDA.

En este capitulo, no te diré los detalles de cómo hacer una venta. Eso no es posible, porque al igual que no puedo resumir las 533 paginas de código de construcción en Palo Alto más las habilidades requeridas de los contratistas, carpinteros, fontaneros, y los inspectores de edificios en veinte paginas, nadie puede resumir como vender una compañía en Silicon Valley.

Lo que puedo hacer es darte una idea general de cómo hacen tratos en Silicon Valley para que sepas qué puedes esperar.

Para este capítulo, entrevisté a fundadores que han vendido sus compañías así como abogados y banqueros de inversión quienes han manejado docenas de adquisiciones de startups.

El Lado Oscuro de los Tratos

Aunque la venta de una compañía es una de las metas de negocio en Silicon Valley, hay poca información de cómo hacerlo.

También descubrí que la gente no habla acerca de tratos. Cuando una compañía compra otra por el potencial de los ingresos y la ventaja competitiva, la información es muy valiosa para su plan de negocios a largo plazo. ¿Por qué le darían datos a sus competidores?

Hay también otra razón: muchos tratos salen muy mal, ¿Por qué hablar de estos tratos y quedar mal?

La prensa de negocios (Wall Street Journal, Fortune, entre otros) rara vez describen como se hizo un trato. Los artículos de negocios son escritos por periodistas de negocios, que no fueron parte del trato o en realidad no entienden de negocios, esta es una de las muchas razones por las que no saben como pasó.

Un ejemplo poco común de la descripción de alguien desde dentro de un trato es High Stakes de Charles Ferguson, quien empezó una compañía en el Silicon Valley e hizo que Microsoft y Netscape compitieran entre ellos mismos para vender su compañía. Como hizo mucho dinero y nunca más tuvo que tratar con Silicon Valley habló sobre muchas personas bien conocidas en Silicon Valley (lee un resumen en t2m.io/PKupeOC8). Este es otro aspecto de los negocios: no hay nada que ganar si atacas públicamente a un patán porque un día, quizás tendrás que hacer negocios con esta persona. La gente lo adora o no dice nada, lo que hace difícil para las personas de fuera descubrir algo acerca de la gente en la industria.

Al igual que no hay un método estándar o estrategia para construir una compañía, tampoco hay un proceso claro para vender una compañía. Hay muchas maneras al azar para hacer un trato. En el momento de cerrar un trato, muchas de las partes quedan confusas o nunca se aclaran y se dejan para quien tome cargo después del trato. Las negociaciones normalmente suceden entre personas que no son abogados y no saben leer contratos legales. Como observarás luego en este capítulo, muchos de los fundadores no entienden qué son las corporaciones ni cual es el papel de sus abogados en la corporación. Puede que tengan abogados, pero los ignorarán. Hay también una presión enorme de tiempo, porque si se cierra el trato muy rápido, puede que haya un mal trato, y si toma mucho tiempo, el trato se puede cancelar. En un caso de muchos, el comprador pide una extensión para mañana por la mañana y en la mañana se sale del trato. Muchas personas están involucradas en la venta, cada quien tiene su propia interpretación del trato con sus distintas metas. Puede haber problemas con tu propio equipo: algunos quieren el trato a cualquier precio, otros quieren más dinero, y otros no lo entienden. Lo mismo puede decirse del otro lado. Muchas personas me dijeron que hacer un trato es como tratar de apilar gatos.

➜ Las startups son como películas de Hollywood: son una combinación de pasión, sueños, complejidad técnica, destreza de organización, grandes promesas, fanfarronadas, personas con mucho ego, y quizá un poco de talento. Habla con personas que trabajan en Hollywood y te contarán las historias más locas de cómo se han hecho películas. Estamos suponiendo que Hollywood y Silicon Valley son diferentes porque uno trae actores y el otro tiene ingenieros, pero los tratos son generalmente hechos de la misma forma.

• Es conocido que solamente una de cada 400 startups obtiene financiación y solamente uno de veinte tiene una salida exitosa, pero esto asume que todos tienen una oportunidad igual, lo que no es verdad. La mayoría de startups son ideas débiles o no tienen buenos equipos por lo que nunca tuvieron una buena oportunidad. Hay también buenas compañías, pero estas no enseñan su valor a compradores potenciales y por esto no son nunca adquiridas.

• Una startup puede estar en una aceleradora o incubadora, pero a veces, esto no significa mucho. Algunos de estos lugares son guarderías para startups. Los empleados están registrando estadísticas insignificantes, como numero de lanzamientos, porcentaje de ocupación, entre otras cosas. A veces para llenar los asientos, aceptarán compañías que no tienen ninguna ventaja. Otras veces para mostrar que tienen "diversidad", aceptarán ciertas compañías. Si tú estas considerando una aceleradora o incubadora, pregunta cuántas de las startups han sido vendidas con éxito.

➜ En entrevistas, la gente me dijo que con varias décadas de experiencia, el 95% de las personas son honestas, pero un 5% son estafadoras.No tienen la educación o habilidad y lo saben, es por esto que harán lo que puedan (robar) para hacer dinero. Esto es igual que en futbol americano en el que tienes reglas y compañeros de tu lado, pero un jugador de futbol tiene que mirar los 360 grados: uno de sus compañeros puede desacelerar y un oponente lo puede taclear. La mayoría de tu equipo puede estar a tu lado, pero algunos no.

Un equipo bueno es como una buena relación donde todos hacen más de lo requerido. QuiereS relaciones largas, hermandad, química, y colaboración. No tienes que cuidar tu espalda. Debes disfrutar trabajar con ellos. Asegúrate que sepan que hay sanciones como exclusiones y listas negras. Asegúrate de recalcar los beneficios futuros.

Aunque te gusten tus socios, tienes que asegurarte de ellos. Hay CEOs en el Silicon Valley con diplomas en ingeniería que son falsos y VCs con diplomas MBAs de Harvard o de Stanford que fueron comprados en línea que también son falsos. Como lo mencioné antes acerca de la diligencia debida, si el negocio tiene valor, tienes que hacer diligencia debida en todos los que estén involucrados en el trato, incluyendo tus socios, abogados, y tus corredores de bolsas. La confianza es buena; verificar es mejor.

→ Varias entrevistas me dijeron que hacer tratos en Silicon Valley es como una boda, pero también añadieron que las relaciones de negocios son más importantes que una boda, porque una boda puede acabar en un divorcio y nunca se hablaran de nuevo, pero en Silicon Valley, los tratos pueden fracasar pero si todos se esforzaron, trabajarán juntos para el siguiente trato.

Si el fundador es un chico de 21 años quien ha trabajado solamente en verano, no tendrá la menor idea de cómo hacer un trato de $100m, no importa cuántos programas de televisión haya visto. Puedes escuchar como un persona de 21 años hizo un trato de $500m, pero en realidad, un equipo administró el trato. Los inversores ponen a una persona como una figura decorativa para la prensa mientras ellos hacen el trato en realidad. Varias compañías de Silicon Valley se hicieron de esta manera.

Esta red de conexiones y capacidades significa también que los tratos se pasan hacia arriba. Los negociadores con pocos recursos pueden hacer tratos pequeños, pero cuando un trato grande aparece, es transferido a un negociador más grande con más recursos que pueda cerrar el trato y el negociador que pasó el trato obtiene una tasa de remisión.

Hay mucho dinero, pero muy pocas compañías viables. Las pocas que lo son tienen ventaja porque hay mucho dinero y muy pocas buenas startups. Los fundadores piensan que necesitan inversores, pero en realidad, los inversores necesitan fundadores. Hay miles de inversores millonarios pero solamente unos cientos de buenas startups cada año en Silicon Valley.

Estas son algunas razones de las conexiones cerradas en Silicon Valley. He aprendido que es lo mismo en el negocio inmobiliario, diamantes, medicina, bellas artes, y muchas otras industrias. Siempre hay un circulo grande de personas en cada industria, pero los importantes, que son el diez por ciento, son los expertos que saben en realidad quienes son los buenos (o quienes no son), quienes tienen habilidades, y saben lo que está pasando. Son las conexiones dentro de la industria.

➔ Cuando comiences a construir tu propia compañía, escribe un mapa estratégico para inversores con la meta de una salida. Descubre con quien deberías hablar y construir conexiones para encontrar a estas personas. Conforme vayas construyendo tu compañía, pregúntale a tus asesores, mentores, y abogados si tu compañía se puede vender. Hay muchas startups con equipos activos y buenas ideas, pero nunca serán comprados porque no hay compradores para lo que están construyendo. Es bueno empezar hablar de esto al principio del proceso. Pregúntales si conocen tratos iguales. Ellos podrían conocer compradores potenciales y puedes empezar a hablar con ellos para ver si hay interés.

Los Jugadores de Tu Lado

Empecemos con los jugadores que están de tu lado. Esto incluye tus cofundadores, empleados, asesores, tus abogados, y tus corredores de bolsa.

Los Fundadores en un Adquisición

Tu primera empresa es como tu primera casa: gastarás dinero en reparaciones insignificantes, carpinteros caros y perderás dinero en una mala hipoteca, que te fue recomendada por un banquero de la televisión. Si pones atención, lo harás mejor la próxima vez.

Esta es tu primera startup. Todo es nuevo para ti. Pero los asesores, inversores, banqueros inversionistas, y compradores han hecho esto muchas veces y saben mas que tú.

Es importante demostrar que puedes aprender de los errores y escuchar a tus asesores. Asesores, inversores, y abogados han trabajado con docenas de startups y notan muy rápido si el fundador no es muy manejable. Cuando ven que no escucha, se retiran.

➔ Por ejemplo, una startup en la etapa semilla no había obtenido dinero de ningún inversor, entonces el equipo empezó a hacer proyectos paralelos. Sin embargo, el CTO se negó a obtener otro trabajo extra en programación e insistió en trabajar como conductor de Uber. No solamente ganaría menos, demostraba una falta de sentido común. Él no escucharía. Los inversores terminaron yéndose.

➔ Otro problema común ocurre cuando el CEO fundador ve la compañía como su bebé. No aceptará consejos ni ideas de otros que puedan cambiar su visión. Los inversores también lo han visto y terminan retirándose.

➜ Los inversores también quieren saber si un cofundador tiene la personalidad para atraer, contratar, entrenar, administrar, y dirigir a personas. Una startup estaba buscando financiación y el CTO dijo. "No me gusta trabajar con personas." Los inversores terminaron retirándose.

Como fundador, deberías preguntar a tus asesores, abogados, y corredores de bolsa qué hacer, qué esperar, qué no hacer, y cómo planear y construir el camino hacia la liquidez. Tú no tienes experiencia en esto; ellos sí, entonces deja que te guíen. Ellos quieren asegurase una buena salida, por eso te ayudarán.

Como Hacer Nuevas Conexiones

Espero que sepas ahora que las conexiones son una parte importante para tu startup.

Al igual que hay dinero torpe y dinero listo, hay también fundadores torpes y fundadores listos. Un fundador torpe solo construye un producto. Sin una estrategia o conexiones, la calidad del producto no importa porque no lo podrá vender.

Un fundador listo construye una estrategia a largo plazo. Construye una salida para hacer dinero y conexiones para construir una startup para la segunda salida, que recauda el dinero y las conexiones para la tercera salida y así sucesivamente. Cada éxito será mayor que el anterior.

Deberías contactar con las oficinas de graduados de cada uno de tus cofundadores. Deberías enviar una carta (con tu presentación de venta) y recalcar que uno de los cofundadores es un graduado de esa institución. Las asociaciones universitarias de graduados quieren presumir ante sus otros graduados, estudiantes vigentes, y futuros estudiantes que un graduado está construyendo una startup. Las mejores redes incluyen Standford, Berkeley, MIT, y Harvard porque producen muchos ángeles, VCs, y corredores de bolsa.

Tus asesores, mentores, y abogados pueden hacer presentaciones a inversores y compradores profesionales. Los directivos de aceleradoras e incubadoras también pueden tener una red muy amplia y pueden hacer presentaciones.

Tu banco de negocios también puede hacer presentaciones a sus otros clientes del banco. Por ejemplo, el banco de Silicon Valley tiene muchas corporaciones como clientes y por ello son como una red social cerrada de Silicon Valley.

Busca otras startups relevantes que obtuvieron financiación y pregúntales por presentaciones. Los VCs tienden a invertir en compañías similares para difundir el riesgo por eso hablan con otros VCs para compartir recursos, información, y conexiones.

También puedes utilizar la cámara de comercio de tu ciudad para hacer conexiones. Si quieres reunirte con, por ejemplo, Husqvarna, puedes encontrar sus oficinas principales en Charlotte, en Carolina del Norte. Te integras en la cámara de comercio de tu ciudad y te reúnes con la persona encargada de las relaciones corporativas quien demanda una cita con la persona encargada de la cámara de comercio en Charlotte. Esa persona organizará una junta.

Tu ciudad también te podrá promover en otras ciudades, aunque no les gustes mucho. Si hay una posibilidad de traer negocios a tu ciudad, el alcalde podría hacer la presentación. El alcalde también puede arreglar leyes locales para ti. San Francisco dice a las compañías que deberían trasladarse allí porque Twitter y Uber están en la ciudad, aunque tenga malas relaciones con los dos.

Hay otra manera de conocer compañías. En el vestíbulo de incubadoras y aceleradoras, hay logos de los patrocinadores corporativos en la llamada pared de trofeos. Estas son las compañías que están interesadas en startups de la aceleradora o incubadora. Visita el vestíbulo y haz una foto a tu cofundador asegurándote que la pared de trofeos esté de fondo. La aceleradora tiene una persona de desarrollo de negocios que mantiene conexiones con patrocinadores corporativos.

Si hay una compañía que quieras conocer, pregúntale a la persona de relaciones de negocios para que te presente. No necesitas ser parte de la aceleradora: la persona de negocios obtiene puntos por presentarte. Dale tu presentación de venta y él te presentará y compartirá tu presentación. Puedes hacerlo también en internet. Las aceleradoras e incubadoras tienen páginas web donde presumen de sus salidas exitosas.

Finalmente, utiliza una hoja de cálculo para mantener rastro de tus conexiones. No hay ningún programa para administrar contactos de negocios (y esta pudiera ser una buena idea para una startup). Muchos utilizan hojas de cálculo, Word, y similares.

➜ La mejor manera de obtener conexiones es hacer un buen trabajo. Reúne no solamente un buen equipo en la etapa semilla sino también un buen producto. La gente verá lo que estás haciendo y se lo dirán a otros.

El Papel de Tu Abogado

Los fundadores me han dicho que tienen un abogado, pero no, en realidad no tienen un abogado. Muchos de los fundadores no entienden la importancia de los abogados hasta que es muy tarde.

Miremos el concepto de una persona legal. Si tienes 21 años en los EE.UU. eres una persona legal, lo que significa que tienes derecho a votar, firmar contratos, etc. Tú puedes perder estos derechos en casos especiales (coma, enfermedad mental, sanciones criminales, etc.)

Debajo de la ley corporativa, una corporación es una personal legal ficticia. La ley trata a la compañía como si fuera una persona. Guiado por su consejo humano, también puede celebrar contratos. Ambos, una persona real y la persona ficticia corporativa tienen una variedad de derechos y el abogado de la corporación representa y protege esos derechos.

Esto significa que cuando tú eres el fundador y contratas a un abogado para la incorporación de tu compañía y el abogado es contratado y se le paga a través de tu corporación, el abogado representa los intereses de la corporación, no los tuyos. Es su obligación como abogado representar y proteger los intereses de la compañía. Si él no protege a la corporación, puede ser castigado por la mesa de éticas y puede perder su licencia de ley.

Esa es la teoría legal. Esta es la realidad.

Los fundadores primerizos de Silicon Valley ven solamente el proyecto que está al alcance y no piensan a largo plazo, construir una gran carrera, o construir relaciones. El abogado sin embargo piensa en los 30 años de carrera que tiene por delante en Silicon Valley. Los grandes inversores están aquí durante décadas. Si el abogado quiere ser invitado a tratos en el futuro (y futuros honorarios legales), él protege los intereses del inversor porque el dinero es una relación a largo plazo. El abogado de tu startup te dirá esto si le preguntas directamente.

➜ Por ejemplo, un fabricante de partes pequeñas para coches inventa un nuevo dispositivo para automóviles pero las compañías más grandes en Detroit lo plagian y entonces la pequeña compañía contrata abogados de Detroit y los demanda. Los mejores abogados de Detroit y de la industria automotora crecieron en el mismo barrio, fueron a la misma escuela privada y las mismas universidades, pertenecen a las mismas fraternidades, son miembros de los mismos clubs de campo, y sus hijos van a las mismas escuelas privadas. Sus nuevos abogados de Detroit le aconsejarán que lo arregle con un acuerdo.

→ Si quieres demandar (por ejemplo) a Google, deberías contratar a un abogado que esté muy lejos de Silicon Valley, como en Arkansas, y que no le importe su futuro en Silicon Valley.

Porque el abogado representa a la corporación de la startup, no al fundador, esto crea un conflicto de intereses entre el abogado de la corporación y el fundador. Lo que significa que el abogado de tu compañía puede sugerir decisiones que no sean de tu interés (que no son necesariamente en interés de la startup o los inversores). El conflicto de intereses puede surgir durante la negociación de adquisición, por lo que cada fundador puede tener que contratar a su propio abogado para que lo represente contra los otros fundadores y la startup (que está representada por su propio abogado). Las reuniones se vuelven interesantes cuando todos en la mesa tienen su propio abogado.

Tratando con los Inversores Durante una Venta

Los inversores tienen una pregunta: "¿Cuál es la probabilidad de que me devuelvan mi dinero y cuál es el múltiplo?" Bien, son dos preguntas. Muchos inversores están haciendo varias inversiones al mismo tiempo, por lo que no están realmente en los detalles de su proyecto.

→ Un entrevistado me dijo que la cuestión clave para muchos inversores es la liquidez. Si bien se habla mucho sobre la construcción de un mundo mejor, la igualdad social, bla, bla, bla, a muchos inversores solo les importa el dinero. Hable con sus inversores y descubra lo que realmente quieren.

→ Otro dijo casi lo mismo: "Los inversores solo quieren saber cuánto dinero ganarán y cómo de rápido recuperarán su inversión. Ese es el factor clave en más del 99.9% de sus acuerdos ".

→ Algunos de los inversores participarán involucrándose, mientras otros no. Comunícale a los inversores que no estén participando que los inversores involucrados en el proyecto entienden qué es lo que esta pasando, y ellos no te molestarán. Por ejemplo, una startup estaba haciendo un software ERP (planeo de recursos de empresa) y los inversores no entendían el negocio de ERP, pero Cisco y otra grandes compañías estaban interesados en comprar la compañía y los inversores principales entendieron el mercado, entonces los inversores cedieron.

➡ Otro problema con dinero inútil son los problemas extras. Tú obtienes el dinero de los inversores, lo que está bien, pero los inversores te molestan con preguntas y consejos durante el resto del matrimonio. El dinero listo sabe cuando dejarte en paz. Una startup estaba haciendo una presentación a los inversores semanalmente, pero el inversor principal encontró que llevaba cinco horas preparar y presentar, entonces lo cambió una vez al mes para que los fundadores pudieran concentrarse en el trabajo importante.

➡ Varios me dijeron que involucrarse con inversores es como un matrimonio a largo plazo con hijos. Si la relación es buena, los inversores trabajarán contigo en varios proyectos nuevos. Pero si los inversores son difíciles, puede ser una vida miserable.

➡ Es estúpido como los fundadores de startups creen universalmente que el dinero de los inversores es dinero gratis. Es como si pensarán que si la compañía se va a bancarrota, no hay problema, solamente siguen con la siguiente idea. Si desperdicias tiempo y dinero, te perseguirá durante años.

➡ Acepta inversores de segundo y tercer nivel para obtener inversiones de primer nivel. Cuando demuestres que puedes obtener inversores, los inversores de primer nivel estarán interesados. Es como salir con un 4 o 5 para obtener un 9 o 10.

➡ Cuando los inversores ven un fuego, le echarán más gasolina. Por eso debes enseñarles el fuego. Si puedes enseñarles crecimiento en métricas estratégicas (usuarios, ganancias, etc.), te darán dinero para incrementar el crecimiento.

➡ En las montañas de Palo Alto, los venados corren con otros vendados y los pumas cazan con otros pumas. ¿Qué pasa cuando un venado se adentra en el territorio del puma? Son devorados. Los inversores invierten siete días a la semana, veinticuatro horas al día. Los fundadores de compañías entran ocasionalmente en el mundo de los inversores. Pienso que los fundadores deberían encontrar asesores y abogados que sean de confianza para que conduzcan las negociaciones. Cuando regresen a sus oficinas, los abogados pueden explicar que pasó y qué hacer a continuación.

El Papel de los Banqueros Inversionistas de M&A

La conexión entre tu startup y tu comprador es generalmente un banco de inversión. Hay parte compradora y parte vendedora de bancos de inversión: uno representa al vendedor y el otro representa al comprador. Aunque se llamen bancos de inversión, no son bancos. Una mejor descripción es ingenieros financieros que trabajan con dinero.

Un banquero inversionista también es llamado un IB, i-banker, ibanker, o un intermediario M&A (integración y adquisición). En este libro utilizaré intermediario como término general y hablaré solamente de la parte vendedora.

Los buenos intermediarios están entre pasados los 30 años hasta los primeros 60. Viven en Silicon Valley, desde San Francisco a Saratoga, y se agrupan alrededor de Palo Alto, y son activos en eventos de venta, eventos de inversores, conferencias, etc. Siempre están buscando para ver que está pasando.

Los intermediarios son pequeños (hacen tratos entre $30 a $100m), de tamaños medio (en el rango de $500m), o grandes (tratan con $1B o mas). Los intermediarios no están interesados en tratos de $5m porque son muy pequeños. Incrementa tus ventas a $10m para obtener su atención.

Generalmente, tu abogado puede presentarte a un intermediario. Otra manera es acudir a grandes conferencias. El maestro de ceremonias a veces conoce al equipo de adquisiciones en sus corporaciones. Si conoces fundaciones familiares o asesores de fundaciones familiares, habla con ellos porque a veces también conocen gente de M&A.

Contratas a un intermediario con una tarifa inicial de $100K y un acuerdo exclusivo, lo que significa que no puedes trabajar con otro intermediario. La tarifa del intermediario puede ser del 2% al 5% más $5-10K al mes. O él utiliza la Formula de Lehman, que es un %5 en el primer millón; un 4% en el segundo millón; un 3% en el tercer millón; un 2% del cuarto millón; un 1% del quinto millón en adelante; o un 5-10% de la venta total. Todo esto es negociable.

Quizá suene mucho pagar un 5% de tarifa al intermediario pero esto es bueno para ti: cuanto más gane el intermediario, más alta será la venta final.

Un intermediario con diez años de experiencia puede haber hecho 50 tratos. Esto significa que ha tenido experiencia con adquisiciones. Esto significa también que los dos lados (compradores y vendedores) han establecido tradiciones y un acuerdo mutuo del proceso, varias veces de los dos lados de la mesa. Cada trato son cantidades de dinero sustanciales, por eso no quieren perder tiempo si un principiante le empieza a decir qué hacer.

Deberías hablar por lo menos con tres intermediarios de M&A y escoger uno.

El intermediario debería tener una licencia de SEC y obedecer las reglas de SEC para los tratos. Si alguien te ofrece hacer el trato por un pequeño cargo, es posible que no tenga licencia. Si la venta se hace, te puedes negar a pagarle el honorario del intermediario. El comprador también puede rechazar completar el trato y hacer una oferta menor que la inicial. La entidad SEC también ofrece recompensas por denunciar a intermediarios sin licencia.

Qué Hacen los Intermediarios

El intermediario prepara tu compañía para ser vendida, investiga el mercado, escribe reportes sobre el mercado, identifica compradores potenciales, se reúne con ellos, encuentra la mejor oferta, y cierra el trato.

Los intermediarios utilizan sus propios equipos de investigación y también compran reportes informativos.

También tienen una red mundial personal de ejecutivos senior en sus industrias objetivo para obtener una perspectiva de primera mano.

El equipo del intermediario encargado del análisis de negocio busca el mercado para tu startup. Por ejemplo si estás construyendo software para la industria automotriz, investigan ese mercado.

Quizá encuentren 100 compradores potenciales. Los compradores se organizan en grupos A, B y C. El grupo A es el comprador ideal. El grupo B es aceptable. El grupo C son compradores sin ninguna razón para comprar tu compañía. Si ves una compañía que fue comprada por otra compañía pero nadie puede explicar el trato, fue probablemente un venta en la categoría C.

El equipo de análisis del intermediario escribe reportes que empiezan con un entendimiento de las finanzas y potencial de tu compañía. Mira el estado del mercado: los jugadores, compañías y clientes. Esto incluye el modo en que el mercado está estructurado, en vendedores, proveedores, fabricación, y distribución. Identifican qué compañías pueden ser compradores potenciales (y cuales no) solo con mirar la posición de la compañía en un mercado específico y si está creciendo, estable, o disminuyendo.

Pueden estimar el impacto a una compañía si compran la tuya. Esto significa qué ventaja les proveerás en contra de sus competidores en términos de ganancias, transacciones, mercados, etc. Las proyecciones pueden ser de cinco a veinte años.

Los intermediarios utilizan sus conexiones personales para conseguir presentaciones personales al equipo de venta. Ellos le demuestran a los compradores por qué deberían comprar tu compañía. Esto incluye ganancias adicionales, nuevos productos para su línea de productos, acceso a nuevos mercados (ya sea a nuevas categorías o nuevos territorios), una ventaja competitiva, y el impacto en el valor de las acciones.

Esta investigación se muestra a los compradores potenciales en el transcurso de varias juntas para crear interés y convencerlos de que compren tu startup. Los intermediarios también presionan a los compradores en la necesidad de actuar rápido y, si es necesario utilizan la táctica FOMO (Miedo a Perder la Oportunidad por sus siglas en inglés).

Le saca brillo a la manzana. Hablará con compradores potenciales para crear una fiebre de interés. Le dirá a cada uno, "Estamos hablando con otros compradores"; "Es mejor que te des prisa"; "porque tú eres mi amigo especial, y te dejaré que lo consigas!"

Un trato de M&A puede llevar nueve meses en una serie de pasos de investigación, reportes, diligencia debida, juntas, apuestas, y cerrar las transacciones.

Los compradores grandes también tienen sus propios analistas de investigación que hacen la misma investigación de su parte. En algunos problemas, pueden están de acuerdo y en otros, no estarlo. Los directivos de los equipos de compra revisan su propia investigación y la comparan con los reportes de tu intermediario.

Los analistas tratan los números con escepticismo y prueban a encontrar otras fuentes para confirmarlos. Porque hay mucho dinero en un trato pero no mucha transparencia, hay varias oportunidades para el fraude. Ejemplos de fraude de M&A, mira mis notas de Investment Banking: Valuation, Leveraged Buyouts and Mergers & Acquisitions por Joshua Rosenbaum y Joshua Pearl (Wiley, 2013, 988 pages). Visita t2m.io/6tfi9ZxM

➜ Por supuesto, esto es lo que pasa en compañías sensibles. Como hemos vistos todos, algunas compañías hacen tratos que no tienen ningún sentido. Esto se debe a la falta de una dirección firme por parte de los principales dirigentes.

➜ Varios fundadores dijeron que esto depende del país. Silicon Valley ha estado aquí durante varias décadas y se puede decir lo mismo acerca de los intermediarios con muchas conexiones y experiencia. Sin embargo, otros países no tienen experiencia. Sus intermediarios no tienen idea de qué hacer. Las startups trabajan con sus inversores y asesores para acordar la venta. Debido a regulaciones del gobierno estadounidense y reglas de Wall Street, hay transparencia acerca de datos financieros en Silicon Valley. Pero en muchos otros mercados, es el salvaje oeste. Cualquier puede decir cualquier cosa y no importa porque seis meses después, todo cambia. Los fundadores que aprenden y se mueven rápido pueden crecer en caos.

➜ Hace unos años, dos estudiantes de Stanford inventaron una herramienta de software. Yo escribí la documentación y la pagina web. Construimos todo en los servidores de la Universidad. Los dos ingenieros también integraron a una mujer como su intermediario de M&A. Estimamos que llevaría unos seis meses por lo que decidimos escribir una lista de especificaciones (lo que la herramienta haría) para ella y lo empezó a vender por los alrededores. Al final de cinco meses, ella le dijo a seis grandes compañías que ella y un abogado estarían en el cuarto 88 del Hotel Hilton de Palo Alto el 16 de julio a las 4 p.m. donde las diferentes compañías podrían proponer sus propuestas. Dos horas después, ella felicitó al ganador. El día siguiente la compañía anunció que había desarrollado la herramienta. El producto tenía un título de trabajo que era una variable en el software: simplemente cambia el título y el producto tenía un nuevo nombre. Fue un producto con éxito y muchos de ustedes lo utilizan. El equipo completo fueron seis personas; todo fue hecho desde casa; solo nos reunimos físicamente unas pocas veces.

¿Qué Hay de los MBAs?

¿Puedes contratar a tu amigo con un MBA para que haga este trabajo por ti?

Un MBA significa una Máster en Administración de Empresas (por sus siglas en inglés), lo que significa que están preparados para administrar grandes compañías. No están formados para vender compañías (o construir y administrar startups). Las escuelas de negocios no enseñan nada de esto, al igual que la escuela de leyes no te enseña nada acerca de la realidad de ser abogado o de abrir un oficina de ley.

Además, si tu amigo con un MBA no tiene una licencia SEC para ser intermediario, el trato quizá nunca ocurra.

¿Qué Hay Sobre los Agentes de Colocación?

Un agente de colocación es alguien que vende tu compañía colocándola en una lista de compañías disponibles en línea (por ejemplo, BizBuySell.com). La gente que quiere comprar compañías puede mirar esta pagina.

Sin embargo, esto genera una mala impresión hacia los inversores y compradores. Es una señal de desesperación. La niña bonita no necesita poner anuncios. Las compañías que utilizan agentes de colocación generalmente se están yendo a la quiebra, los socios se están peleando, o el fundador se está retirando. Cualquiera de estas razones significa que es una mala compañía.

Cómo Encontrar Reportes Analíticos

Puedes obtener reportes analíticos en compañías y mercados si tienes una cuenta en Charles Schwab o en cualquiera de los servicios de corredores de bolsas (Fidelity, E*Trade, etc). También están los reportes financieros de Yahoo en finance.yahoo.com/screener. Reuters también ofrece reportes. Los precios varían.

Hay varios servicios independientes de analistas, como ChainBridgeResearch.com, IndependentGlobal.com

El resumen de Deloitte llamando M&A Making the Deal Work son solamente 130 paginas del proceso de M&A (visita t2m.io/ZyOXm2B). Ellos también publican reportes de la dirección esperada de la actividad de los M&A. Visita la página de Deloitte (t2m.io/iAMdiH0q) para más información.

Prepara tu Compañía para una Adquisición

Debería aprender lo máximo acerca de su mercado, desde producción a los canales de distribución.

Si tienes suerte, puedes encontrar algo de esta investigación. Si uno de tus cofundadores esta estudiando negocios, es un MBA, o conoces a alguien que esté en la escuela de negocios, puedes tener acceso a los terminales de Bloomberg en la biblioteca de la institución. Algunos de tus inversores o banqueros inversionistas pueden tener también terminales de Blooomberg. Los terminales de Bloomberg tienen miles de reportes analíticos.

Documentación para una Adquisición

La documentación de tu startup es una colección de código, tratos legales, e información. Esto demuestra al comprador lo que está comprando. Demuestra el valor completo de tu negocio, lo que ayuda a tu valoración.

La documentación incluye lo siguiente:

- Currículum y pequeñas biografías de cada cofundador: El perfil de tu equipo también debería demostrar sus habilidades para guiar la compañía en el proceso de la adquisición.

- Presentación de ventas: Tu presentación de ventas debería incluir un video que demuestre qué hace tu producto, cómo funciona, y el valor del cliente

- El plan de negocios: Una guía de tu estrategia para alcanzar liquidez. Esto también ayuda para que los inversores sepan que sabes lo que estás haciendo. Ellos se integrarán y te recomendarán a otros inversores.

- El código software: Código, librerías, herramientas, lenguajes, etc.

- Datos: Demuestra como obtuviste datos para tu software. Los datos deberían estar impecables, lo que significa que debes demostrar que se obtuvieron adecuadamente y no hay problemas legales.

- La propiedad intelectual (IP): Demuestra que el IP es tuyo. Si uno de tus cofundadores todavía sigue en la facultad, la escuela quizá tenga una cláusula que le da los derechos de lo ella invente mientras sea estudiante. Si uno de tus cofundadores está trabajando durante el día en una compañía diferente, el contrato de empleado pueda especificar que la compañía es dueña de cualquier IP que esta persona desarrolle mientras que sea su empleado, no importa que lo haga en casa los fines de semana. Si hay dueños potenciales de tu IP, habla con ellos para conseguir una cesión. Si tu compañía es valiosa, la universidad o compañía se asegurarán su pedazo del pastel.

- Derechos de autor y marcas registradas: Enseña quien las registró, cuando, pagos, etc. Deberían ser registradas por la corporación de la startup. Si tú las registraste antes de que incorporaras, escribe un documento que transfiera tu propiedad a la corporación.

- Contractos: Todos los acuerdos legales con cofundadores, empleados, contratistas, consultores, asesores, e inversores, incluyendo contratos de oficina entre otras cosas.

- Financiero: Tapa de la mesa, finanzas, y contabilidad.

- Conexiones: Tu red de clientes potenciales, clientes, asesores, inversores, socios, abogados, intermediarios M&A, compradores, etc.

El documento debería también discutir cualquier potencial problema legal o de retenciones.

También deberías documentar el proceso hacia la adquisición. Esto incluye una lista de contratos y juntas.

Mantén siempre actualizada la documentación de tu startup. Una buena manera de hacerlo es mantener la documentación en la nube para que todos en el equipo de venta puedan acceder. Cuando vendas la compañía, transfieres las credenciales para entrar a los compradores.

→ Una startup fue construida con licencias de software de otras compañías lo que significó que no tenían IP original, entonces no tenían nada que vender. Incluso si tuvieran ganancias y éxito como negocio, no podría ser vendido.

→ Otra startup tenia $400K en ganancias y 40 clientes pero el negocio estaba basado en apretones de manos. No había contratos. Si ellos vendían la compañía, los clientes se saldrían probablemente porque no estaban atados por un contrato lo que significaba que no había ganancias potenciales a largo plazo.

Si tienes un contrato de oficina, puede ser una ventaja o una responsabilidad. Si el comprador lo puede alquilar a alguien más o transferir el contrato, ellos no perderán dinero (y puede que hagan dinero si el contrato de oficina es barato en un mercado caro).

La Negociación

El Equipo del Lado del Vendedor

El equipo de venta debería ser solamente dos cofundadores. Esto simplifica las cosas. Si tienes tres o cuatro cofundadores, escoge dos para que hagan la venta y los otros deberán estar de acuerdo con esto.

Nunca vayas a una junta solo. Siempre lleva a tu socio. Siempre ten dos personas de tu lado para estar seguro de negociar bien. Uno habla mientras el otro escucha y toma notas. Después, repasad juntos lo que se mencionó. Toma notas también de las expresiones faciales y del lenguaje corporal.

Tú estás en una situación de desventaja. Todos los que estén en el cuarto de negociaciones tienen de cinco a diez años (o más) de experiencia en adquisiciones. También tienen una red personal muy amplia de personas con experiencia para recibir consejos o información. Tú no tienes nada de esto.

De tu lado, tienes a tus abogados, quizá algunos de tus inversores, y tu intermediario. Habla con ellos y discute tus opciones.

Tratando la Negociación

Cuantos más compradores estén compitiendo para comprar tu empresa, más alta será la oferta y mejores las condiciones que puedas obtener. Te interesa tener varios compradores interesados para tener opciones de salir con cualquiera. No te metas mucho en la cama con un comprador.

Si un comprador se da cuenta que no hay otros compradores interesados, tomará ventaja y ofrecerá una cantidad menor.

No des a conocer el nombre de compradores potenciales (la persona o compañía) a nadie que no sea necesario. Silicon Valley está muy bien conectado y todos conocen a todos.

Cuando empieces a negociar con un comprador potencial, habrá un acuerdo sobre las negociaciones.

Puede haber un acuerdo para negociar de buena fe. Ninguno de los bandos quiere perder el tiempo. Estos acuerdos son legalmente exigibles.

Los términos pueden incluir negociaciones de buena fe, el derecho a ser notificado primero, y una prohibición de buscar mejores tratos.

Si el comprador tiene el derecho de ser notificado primero y tú encuentras otro comprador que te hace una oferta firme, deberás notificar al primer comprador quien tendrá el derecho de aceptar esa oferta. Él generalmente tiene un tiempo límite (por ejemplo, sesenta días) y si no ejercita su opción dentro del tiempo límite, puedes vendérselo al segundo comprador. Si lo vendes sin dar notificación al primer comprador, tendrás abogados bailando en tu oficina. La primera y la segunda compañía te demandarán.

Otra cláusula incluye un cinco por ciento si el trato falla. Si pasan tres meses y luego el comprador se retira, él tiene que pagar el cinco por ciento de la cantidad de compra. Esto protege tu tiempo. Sin embargo, si hay clausulas onerosas, puedes abandonar el trato.

Hay también una clausula de certeza. El fundador debería poner todo su empeño para cerrar el trato. Esto incluye participar en todas las juntas, proveer documentos, etc. También incluye convencer a cofundadores y empleados para quedarse después de la venta. Puedes ofrecer recompensas o incrementos si se quedan durante un año o dos.

También puede haber una prohibición sobre las compras alrededor. No se te permitirá hablar con otros compradores potenciales para encontrar una mejor oferta o mejores opciones. Esto crea complicaciones. Algunas personas firman el acuerdo pero continúan hablando con otros. En cualquier mercado en el que se encuentre, la lista de posibles compradores es pequeña y generalmente se conocen entre sí, por lo que es posible que su comprador descubra que está saliendo con otros en secreto. El comprador verá si sus valores morales son honestos o desviados. Si el comprador se entera pero quiere hacer el trato, seguirá adelante, pero seguirá sospechando de ti. Si permanece en el inicio como parte de una toma de control, es posible que no pueda subir la escalera en la nueva empresa.

Tú intermediario M&A te guiará a través de los acuerdos y te explicará las implicaciones.

Acciones Preferidas y Derechos para Vetar

Parte de vender tu compañía es estar seguro de que serás capaz de vender tu compañía. Pueded tener el 51% (o 75%) de la compañía, pero eso no significa que puedas venderla.

Tus inversores tienen acciones preferentes lo que significa que le da al inversor el derecho a vetar cualquier venta o transferencia de la compañía. Esto protege al inversor de una venta rápida a un precio bajo.

Esto también crea un conflicto de intereses entre el fundador y los inversores.

La ventaja de vetar le da el poder al inversor de forzar una venta mayor. Por ejemplo, una compañía quiere comprar tu startup por $20 millones. Tú podrías tener el 75% de las acciones pero un inversor que tiene acciones preferentes con solo el 10% cree que la compañía puede ser vendida por $100 millones, entonces vetará la venta y tú estarás forzado a trabajar otros dos años para obtener una valoración mayor. Puede ser verdad que obtengas $100 millones luego, pero también significa dos años más con largas horas y un saldo mínimo de fundador mientras los inversores flotan alrededor de las Bahamas en su yate con un equipo exclusivo de chicas. O dos años después, el mercado cambia y no obtienes nada pero al inversor no le importa porque tu proyecto era una parte pequeña de su portafolio de inversiones.

Las acciones preferentes también significan que el inversor es el primero en la línea para el dinero. Digamos que el inversor pone $1m y el acuerdo tiene un múltiplo de 10. Si la empresa es vendida por $10m, ellos obtienen todo el dinero y tú recibes cero. Esto significa que si los inversores pueden vender la startup por $100 millones y recuperar sus inversiones multiplicadas por 10, probablemente lo harán. Hay pocos motivos para que esperen otro año la posibilidad de que incremente a $20 millones para que el fundador obtenga un poco de dinero porque también hay un riesgo de que el inversor no obtenga nada. Esta es una razón para no recaudar mucho dinero. Si recibes mucha financiación, perderás muchas de las ganancias debido a los múltiples preferentes. Cuanto más recaudes, menos recibes. Coge solamente la financiación que necesites. Habla con tus asesores y abogados acerca de esto.

Otro problema surge si el comprador ofrece adquisición-contratación como parte del trato. En vez de $20 millones, el comprador ofrece $5 millones y contrata al equipo fundador por $250,000 al año por persona durante cuatro años más $500,000 de bonificación si te quedas los cuatro años, además de acciones de la compañía. Eso es magnífico para ti, pero los inversores no obtienen nada por lo que lo vetarán. De vuelta a la pizza fría durante dos años más.

Si aceptas la oferta de adquisición, tendrás que quedarte en la nueva compañía durante cuatro años para obtener los beneficios. Cuatro años más de comida de la cafetería. No hay Bahamas para ti. Son esposas de oro.

Tu puedes tener el 75% de tu startup y todas las escuelas de negocio dirán que tienes el control, pero en realidad no es así.

➔ Varios cofundadores de startups me dijeron que no sabían nada acerca de esto. Consiguieron una oferta de un comprador, pero algunos de los inversores vetaron la venta porque querían más, entonces los fundadores tuvieron que trabajar durante algunos años más, el mercado cambió, y la compañía terminó valiendo cero.

➔ Otros fundadores me mencionaron que ellos construyeron una compañía, la vendieron por millones de dólares, y no obtuvieron nada. Los inversores obtuvieron todo el dinero debido a las acciones preferentes.

➔ Las escuelas de negocios no te enseñan nada de esto. La mayoría de los profesores de negocios nunca han construido una startup, o recaudado dinero, o vendido una compañía en sus vidas.

Administrando el Equipo del Comprador

Los compradores se sientan en el lado opuesto de la mesa. Aquí te doy varios puntos para tratar con el equipo de compradores.

Al igual que no deberías negociar por ti mismo, el comprador no estará solo en el cuarto. Habrá un equipo que controle el ritmo de la discusión, el suministro de información, manejo de objeciones, y lo más importante, cuida tus palabras y tu lenguaje corporal.

Mientras esta es tu primera vez vendiendo una compañía, el líder del equipo de compras tiene diez años o más de experiencia. El empezó como un asistente y se sentó en muchas negociaciones antes de hacer su primer trato. Puede ser muy amigable y encantador, pero es parte de su método. Hay muchos libros y seminarios sobre como negociar y probablemente probará varios métodos en ti para encontrar qué es lo que funciona. Por esta razón no deberías negociar solo y por eso necesitas expertos con experiencia a tu lado.

Cada conversación es parte de la negociación. Cuando el comprador sugiere tener un almuerzo informal contigo, o jugar golf en su club, o ir de caminata por las lomas de Palo Alto, todo es parte del proceso. Steve Jobs caminaba alrededor del vecindario mientras hacia tratos. Varios CEOs llevan a la gente de caminata para ver como se comportan.

Cuando investigues la compañía compradora, mira la historia de los ejecutivos que vas a conocer. Si uno es nuevo, es muy probable que esté subiendo de rango lo que significa que será agresivo y querrá un trato muy rápido donde piense que ganó. Si el ejecutivo ha estado con la compañía durante mucho tiempo, podrá ser muy cauteloso, lo que significa que no se apresurará en la negociación. Considera esto y valora como lo puedes utilizar. Si es un poco agresivo y quiere una victoria rápida, empieza con un numero muy alto y luego redúcelo con la condición de una venta rápida para dejar que piense que ganó. Si es reservado, prepárate para un conversación muy larga y contesta todas sus preguntas. Cuando esté satisfecho, estará listo para comprar.

La compra no es solamente acerca de la tecnología. El comprador también está buscando para ver si hay un ajuste cultural. ¿Podrá tú equipo trabajar junto a un equipo más grande como el suyo? ¿Tendrá tu equipo los valores generales y actitud como la suya? También incluirán preguntas sobre tu compromiso de quedarte con tu startup mientras se une como parte de una compañía más grande. Algunos fundadores quizá digan que necesiten un descanso o que están ansiosos por empezar su siguiente proyecto, pero esto no suena bien para el comprador.

Hay un problema en la relación entre el vendedor y el comprador. Durante las negociaciones, los dos lados son adversarios, pero después de la adquisición, deberían colaborar. Asegúrate de no ser demasiado agresivo porque puede crear problemas después del trato. Una vez más, como cuando estás saliendo con alguien, si eres muy duro en el trato prematuro (como traer un equipo de abogados en contra de tu novia), te asegurarás que habrá problemas en la boda cuando ella tenga sus abogados mirándote.

Trata de averiguar porque una compañía quiere comprar la tuya. Quizá quieran tú compañía en realidad. Pero quizá te estén comprando como parte de su estrategia para intimidar a otra compañía. Quizá no estén interesados en ti o en tu equipo, y cuando consigan lo que querían (la otra compañía abandona el mercado) se saldrán de las negociaciones, o si te compraron, cerrarán tu equipo. Han sucedió muchos casos como estos en Silicon Valley.

Los compradores corporativos tienden a tener entre 40 y 60 años, lo que significa que aprendieron sobre ventas de los vendedores tradicionales, como Zig Ziglar, quien fue una superestrella en ventas en los 70 y 80. Estos vendedores desarrollaron métodos con nombres como el cierre del cachorro, el cierre del retrato, el cierre del supuesto y muchos más. Podría ayudarte a comprar uno de los libros de Zig Ziglar, como Ziglar on Selling (1991). He trabajado con más de 300 clientes y he aprendido mucho sobre las ventas de estos libros. Lo que sea que estés vendiendo, la base es la misma.

En resumen, no hay mucho espacio para maniobras. El comprador ha hecho muchos tratos y sabe lo que es posible y lo que no lo es. Para cuando llegues a la mesa de negocios, él ya ha hecho su diligencia debida y no solamente te ha investigado a ti, sino también a tu equipo, y tu compañía y si estas ahí, tiene confianza en poder concluir el trato fácil y rápidamente para poder acometer el siguiente trato. En una compañía grande de Silicon Valley, el vicepresidente de adquisiciones tiene la expectativa de hacer diez tratos por año, alrededor de uno al mes. Escucha a los expertos de tu equipo porque ellos quieren dejar las cosas listas para poder ejecutar el siguiente trato.

¿Qué es la Valoración?

En el capítulo nueve, escribí sobre modelos de valoración. El capítulo te enseñó varios modelos de valoración para que pudieras estimar la valoración de tú compañía.

Pero en realidad, la valoración se hace a través del analista de negocios del intermediario. Ellos investigan el mercado para encontrar el rango óptimo para el valor de tu compañía y luego asesorar al intermediario y eso es lo que lleva a la mesa.

Hay cosas que puedes hacer para incrementar tú valoración. La primera es estar seguro de que tu lado sepa claramente el valor de tú negocio. Esto significa también que tu cofundador, asesores, clientes, abogados, inversores, intermediarios, etc. sepan el valor de tu negocio. Reúnete con cada uno de ellos en privado y hazles algunas preguntas, "¿Qué piensas que hace nuestra compañía? ¿Qué valor piensas que ofrecemos a un comprador?" Encontrarás que varios en tu red personal (incluyendo algunos cofundadores) no tienen claro el valor de tu compañía, lo que significa que no se lo comunicaste bien, lo que significa que no están comunicando los beneficios de tu empresa a los que están fuera de tu equipo. Escribe un mensaje claro sobre tu compañía, muéstraselo a cada uno de los que están en tu equipo y hazles preguntas hasta que lo entiendan.

→ Si demuestras potencial, los compradores te querrán conocer. Si no estas obteniendo juntas, no estas demostrando potencial. Puedes tenerlo pero no lo estás demostrando, o simplemente no lo tienes. Una vez más, ten los valores de tu negocio claramente definidos en tu página web y para tu equipo (cofundadores, asesores, clientes, abogados, etc).

→ Soy asesor para algunas startups. He encontrado una y otra vez que los cofundadores normalmente no estaban de acuerdo entre ellos en que era lo que la compañía hacia. Algunas veces, los empleados y contratistas tenían una idea borrosa de lo que la compañía hacia.

En la etapa inicial de tu startup, empieza pensando quien podría comprar tu compañía. Busca cinco o diez compañías en tu mercado y entiende su negocio. Busca espacios abiertos en sus negocios. ¿Puedes rellenar estos espacios abiertos? Asegúrate que el comprador entienda el potencial de la oportunidad y como tú lo estas capturando.

También puedes reunirte a menudo con los VP de adquisiciones en esas compañías mientras aún se encuentra en la etapa inicial o en la etapa intermedia. Te dirán lo que quieren ver en las nuevas empresas que adquieren. Por ejemplo, te informarán los KPI, los ingresos mensuales, la cantidad de clientes, las transacciones, la participación de mercado o la tasa de crecimiento de los ingresos, los clientes y las transacciones. Puedes construir hacia esos KPIs.

➜ No vendas. No des la impresión de que estás desesperado por vender tu compañía. Enseña tu valor y demuéstrales que puedes ser comprado. Tu compañía debería ser esa chica atractiva en el baile. Pareciendo reacio, atraerás más compradores lo que incrementará tu valoración.

Pregunta a tus asesores, ángeles, corredores, etc. para sugerir un precio para su startup. Debido a que muchos de ellos han estado involucrados en acuerdos que nunca se hicieron públicos, solicítales ofertas comparables. Debes preguntarles de forma independiente en reuniones privadas para evitar el pensamiento grupal.

Pero cualquier valoración que tengas, nunca se le digas al comprador. Deja que el comprador diga el precio. A veces propondrá un número más alto de lo que pensabas

También está la cuestión de las "cuestiones materiales". La SEC define una cuestión material como información cuando existe una probabilidad sustancial de que un inversionista razonable haya considerado la información importante al tomar su decisión de inversión o voto. Lee la declaración de la SEC en t2m.io/8VeZFR1X y discútela con tus abogados. Si le dice a su comprador que los huevos están podridos, entonces está bien vender huevos podridos. Pero si no se lo dices, entonces el comprador puede demandar por sus pérdidas. Debes revelar todos los problemas a tu comprador. Habla con tus abogados sobre esto.

¿Quién Toma las Decisiones?

En una corporación, el concepto de cadena de agencia define quien puede tomar decisiones en los diferentes niveles entre la corporación.

Primero, miremos el proceso de tomar decisiones en una startup:

- Los dueños de acciones escogen la mesa directiva (BOD). Los accionistas le dan a la mesa directiva el poder de actuar como un agente para los accionistas.

- La mesa se encarga de escoger al CEO, CTO, CFO, etc. como oficiales de la compañía. Estos oficiales tienen poderes para tomar decisiones de las operaciones del día a día del negocio.

- Los oficiales nombran gerentes, quienes contratan personal, contratistas, etc.

- Cualquier cambio de dirección del negocio deberá ser aprobado por la mesa directiva.

- Pero la venta de una gran parte de las acciones del negocio o la venta de la compañía entera (como una venta de M&A) deberá ser aprobada por los dueños de las acciones. La mesa directiva o el CEO y los otros oficiales no tienen el poder de vender la compañía.

- En una venta, los accionistas pueden escoger a un agente (por ejemplo, el intermediador) quien tiene el poder para representar al principal (la compañía) y enlazar al principal a un contrato.

Por el lado del comprador, la decisión de comprar una startup depende generalmente del tamaño del acuerdo. Los estatutos corporativos de cada compañía establecen los límites, tal vez como un porcentaje de los ingresos anuales de la compañía, como el 10%, o un número tal como $ 50 millones. En la mayoría de las grandes empresas, el vicepresidente de adquisiciones puede comprar compañías hasta una cierta cantidad. El equipo de M&A de Google tiene un presupuesto anual de $ 100 millones para comprar diez compañías por año. En otras compañías, los funcionarios (CEO, CFO, etc.) pueden aprobar acuerdos de M&A. Y para algunas empresas, la junta directiva (BOD) toma la decisión de compra. Si la adquisición es tan importante que cambia el negocio principal de la empresa, es posible que deba ser aprobada por los accionistas.

Cuando los negociaciones empiecen, el intermediario revisará si la persona del otro lado tiene la autoridad para hacer el negocio y cuanto dinero esa persona puede gastar sin que tenga que acudir a otros para que el trato sea aprobado.

En general, cuanto mayor sea el acuerdo, mayor será la complejidad, por lo que serán necesarias más aprobaciones. Las ofertas de más de $ 80-100 millones aportan más equipos de revisión, responsables de la toma de decisiones, abogados, equipos financieros, presentaciones ante la SEC, etc.

→ El tamaño de su comprador también es un factor. El comprador generalmente quiere hacer un trato que mueva la aguja. Para una corporación de mil millones de dólares, un acuerdo de $ 10 millones no hará una diferencia. Los fundadores pueden estar acercándose a grandes compañías, pero los acuerdos son demasiado pequeños, por lo que no va a pasar nada. Busque compradores más pequeños o aumente el valor de su empresa para que haga una diferencia para una empresa grande.

→ Muchas ofertas pequeñas nunca se publican. El trato no fue particularmente bueno para el vendedor. Varios amigos construyeron una startup, recaudaron diez millones de dólares, trabajaron durante cinco años y vendieron la compañía por diez millones. Los inversionistas recuperaron su dinero, pero perdieron dinero en el sentido de que podrían haber puesto su dinero en Wall Street y ganar un 12% por año (por lo que hubieran ganado aproximadamente $ 6 millones). Los fundadores trabajaron durante cinco años y no consiguieron nada. El acuerdo de compra incluía una NDA, por lo que los fundadores simplemente dicen que no pueden hablar de ello y todos piensan que ganaron dinero.

→ Hay una ventaja en comprar una pequeña puesta en marcha temprana. Las pequeñas startups emergentes son ágiles y están en estrecho contacto con el mercado actual. Eso es información valiosa para una gran empresa, lo que mejora la valoración. Quizás eso es lo que Facebook vio en Instagram. Mark Zuckerberg compró Instagram en 2012 por mil millones de dólares. En ese momento, Instagram tenía trece trabajadores, cero ingresos y solo 30 millones de usuarios (algunos gatos de Youtube tienen más seguidores), pero estaba creciendo rápidamente y sus usuarios pasaron horas en ello. Mark resultó tener razón: Insta ha crecido a mil millones de usuarios. De 2015 a 2017, ganó $ 13B y producirá $ 7B en 2018. Los usuarios jóvenes están cambiando de Facebook a Instagram, pero está bien porque Facebook es propietario de Instagram. En 2014, Mark Zuckerberg compró WhatsApp por $ 17B. Aunque posee solo el 28% de las acciones, cada una de sus acciones tiene diez votos, por lo que tiene el 60% de los votos. Esto le da el control total de Facebook.

La Imagen Completa

La Línea del Ensamblaje del Valle de Silicón

Muchos han escrito que la metáfora de Silicón Valley es un ecosistema biológico, como las selvas de Brasil.

Pero el ecosistema de una selva no es la metáfora correcta, porque los ecosistemas no incluyen un sistema de conexiones. No me refiero a Facebook. Los animales y las plantas en una jungla no colaboran. Los ecosistemas son sistemas de depredadores y presas. Algunos son comida para otros.

En contraste, Silicon Valley tiene una red social compleja de personas y equipos que cooperan, donde un ciclo puede durar varios años, y los participantes colaboran durante sus treinta y cuarenta años de carrera.

La prensa de negocios, ya sea revistas o TV, generalmente no lo describen o no se dan cuenta porque ellos no son parte de esto. Esto es invisible para las personas de fuera. Cuando la gente visita Silicon Valley durante algunas semanas, ven muchas reuniones en cafés, pero no ven la imagen completa.

Ok, lo voy a admitir, hay algo de razón en la metáfora del ecosistema porque los CEOs de Silicon Valley y los VCs actúan como depredadores sociópatas. Compran compañías para destruir o atacar a sus competidores. Pero son la excepción.

Idea clave: la mejor metáfora de Silicon Valley es la línea de ensamblaje en la fabricación de automóviles. En Ford, Honda o cualquier compañía de automóviles grande, hay una línea de ensamblaje de aproximadamente 1,200 yardas de largo (aproximadamente 1,2 km). El automóvil se desplaza por la línea de ensamblaje y, en cada estación, las personas o los robots construyen el motor, pintan el marco, instalan tableros, asientos y puertas. Equipos más pequeños preparan piezas para los equipos de la línea de montaje. Las compañías más pequeñas también fabrican partes y las entregan justo a tiempo para que se agreguen en puntos a lo largo de la línea de ensamblaje. Un automóvil con aproximadamente 30,000 piezas se construye en aproximadamente 19 horas. Vea un video en t2m.io/V5HvKtR1

Casi lo mismo pasa en Silicon Valley.

- Un fundador tiene una idea para una startup y reúne a un equipo de cofundadores.

- Algunas personas ven el potencial del proyecto y empiezan a ayudar para emprender una startup. El circulo de expertos puede incluir asesores, mentores, profesores en Standford y Berkeley, aceleradoras e incubadoras. Ellos tienen diez años o más de experiencia en Silicon Valley. Ellos te dan consejos, hacen presentaciones, y observan como funciona el equipo.

- El círculo alrededor de su startup de inicio permitirá que los demás sepan más adelante, como abogados, inversores ángeles, capital de riesgo, grandes despachos de abogados, bancos comerciales y corredores de fusiones y adquisiciones. Al igual que los equipos de montaje de automóviles, cada uno tiene habilidades y roles. Ellos cooperan para pasarlo por la línea a sus conexiones fiables.

- Un coche puede ser construido en 19 horas, pero para construir una startup puede llevar años. Los abogados preparan los acuerdos para fundadores, la incorporación, los contratos de negocios, y empiezan presentaciones con los inversores.

- Los equipos a veces conocen a los otros equipos como la palma de su mano ya que hablan, comparten información, y colaboran entre ellos.

- Muchos inversores se conocen entre ellos y cuando uno encuentra una buena oportunidad, avisa a los demás.

- Como la startup avanza, los abogados e inversores agregan banqueros de inversión e intermediarios.

- La meta de la línea de ensamblaje de Silicon Valley es la salida (el evento de liquidez), donde la compañía se vende o es transformada en dinero o acciones para pagar a cofundadores, asesores, abogados, inversores, e intermediarios de M&A.

- Cada equipo hace su parte del trabajo, ya sea pagado, o un porcentaje de la salida (es decir, acciones), o los dos. Esto significa que todos están involucrados en el proceso de la salida. Hay poca razón para que alguien ayude a una startup que tiene poca probabilidad generar ganancias.

Otro nombre para la línea de ensamblaje de Silicon Valley es flujo de negocios. Alrededor de 70,000 ofertas pasan por Silicon Valley cada año. Debido a que hay mucho dinero en esto, la gente quiere acceder al flujo de negocios. Ya que es imposible saber qué startup tendrá éxito, la gente trata de participar en tantas ofertas como sea posible.

Si los expertos tienen la sensación de que una startup en fase inicial fallará (como signos de liderazgo deficiente, un equipo débil, falta de PI, etc.), no lo pasarán por la línea porque dañará su credibilidad y relaciones. La startup no recibirá ayuda, conexiones o inversiones y finalmente se desvanecerá. En efecto, la startupse expulsa de la línea de ensamblaje sin darse cuenta de que esto sucedió.

Debido a que la gente que está más abajo en la línea está tan ocupada y hay tanto dinero involucrado, no quieren perder el tiempo en tratar con aficionados que no escuchan.

Idea clave: Esta es la mentalidad empresarial general de Silicon Valley: una gran red de personas que comparten conocimientos, habilidades y experiencias, y colaboran en muchos proyectos durante décadas.

Conclusión

¿Recuerda lo que escribí al principio de este capítulo sobre la construcción de nuestro estudio en nuestro patio trasero en Palo Alto? En la mayoría de los lugares, puedes contar con tu primo, su furgoneta, algo de madera y construirlo tú mismo en unos pocos fines de semana.

Y en algunos lugares, tú puedes vender una pequeña compañía por ti mismo y quizá tu cuñada la abogada pueda ayudar.

Pero vender una compañía en Silicon Valley es un proceso complejo y por eso tendrás que trabajar con asesores, mentores, abogados e intermediarios que sepan lo que están haciendo y que te guíen a través del proceso.

Sin embargo, independientemente de lo que esté vendiendo, ambas partes saben qué se ofrece, cuánto se pagará y cuándo se realizará el trato. Ambas partes entienden el proceso y ambas partes quieren hacerlo.

Otras Lecturas

David Smith es ingeniero, abogado, emprendedor, y un intermediario de patentes. Él ha hecho muchos tratos. Sus libros cubren los detalles legales y financieros de un negocio en Silicon Valley.

- *Zero to IPO* por David Smith. Apéndice 1, 2 y 4 cubre la valoración, negociación del trato, y el proceso de M&A. Se encuentra en Amazon. Una copia en PDF gratis en zero-to-ipo.com o tynaz.com/z2ipo.php

- *Dollar Value* por David Smith. Cubre técnicas de valoración y se aplican a startups. Publicado por Cambridge Manhattan Group. Copia gratis en PDF en tynax.com/dollarvalue.php

- *Patents, Cloaks & Daggers: Inside the Secretive Patent Trade* por David Smith. Publicado por Cambridge Manhattan Group, LLC. Este libro explica el papel que juegan los patentès, estrategias utilizadas por miembros corporativos, y la guerra de patentes con un énfasis especial sobre la tecnología punta y el mercado de comercio de patentes.

- An IP Strategy to Protect Your Business: A Primer on Developing and Implementing an Effective IP Strategy por Greg W. Benoit. Publicado por Tynax, 2017. Copia gratis en tynax.com/ipstrategy.php

- Investment Banking: Valuation, Leveraged Buyouts and Mergers & Acquisitions por Joshua Rosenbaum y Joshua Pearl (Wiley, 2013, 988 páginas)

11: La Vida Después de Su Startup

Entonces, ¿qué hace después de su startup?

Si tuvo éxito, se recupera. Viajar. Enseña en las universidades para animar a otros. Escribe libros. Vaya y siéntese en una playa y medite hasta que obtenga la profunda conciencia espiritual de que es realmente aburrido sentarse en una playa.

Si su startup falló, levántese, retire el polvo y vuelva al caballo.

Después de hacer esto varias veces, sea un asesor y ayude a otros a crear startups. Soy asesor de nueve startups.

También debe enseñar. Es muy divertido y aprenderá más que sus estudiantes. Doy clase en una escuela de negocios francesa en San Francisco.

Conviértase en un inversor ángel. Después de algunas startups, tendrá algo de dinero para invertir en ellas.

➜ Una fundadora me dijo que, por supuesto, ella comenzará con la siguiente, pero por ahora, no puede imaginar lo que será porque está muy ocupada en la actual.

➜ Un fundador dijo que su startup podría crecer hasta convertirse en una compañía de miles de millones de dólares, por lo que esperaba poder estar ahí en los próximos siete o diez años.

➜ Varios fundadores dijeron que su mercado era algo que siempre existirá y que es un mercado mundial, por lo que esperan que la compañía dure mucho tiempo. Una vez que esté bien establecida, construirán más compañías.

➜ Otros fundadores me dijeron que se tomaron largos descansos entre startups. Algunos viajaron por todo el mundo durante seis meses.

➜ Algunos fundadores dijeron que la meta no era importante; Startupear es muy divertido.

➜ Muchos fundadores planean dar dinero para ayudar a otros. Las áreas más populares son la educación y la salud. Una persona me dijo que quería vender su startup por $ 400 millones. Le pregunté: "¿Por qué 400?"

Dijo que necesitaba entre 10 y 20 millones de dólares para que su familia fuera financieramente independiente para siempre. Utilizará el resto del dinero para comprar un bosque de 100X100 millas en el norte de Canadá y establecer su propio parque nacional privado donde los animales pueden vivir libres para siempre.

Donde fallar es una Buena Palabra

En todas partes del mundo, el fracaso es una mala palabra. Usted arruina una compañía y nadie le hablará.

Pero en Silicon Valley, el fracaso está bien.

¿Por qué? Porque sabemos que el 95% de las startups fallan. Todos hemos trabajado en empresas fallidas. Peter Thiel, quien construyó tres unicornios, también construyó 200 fracasos.

Si prestó atención y aprendió de su fracaso, lo hará mejor la próxima vez. Debido a que tiene experiencia y conexiones, será más fácil construir su próxima startup y conseguir cofundadores, asesores e inversores.

Para Concluir

Si está pensando en hacer una startup, no hay caminos claros, hay muchos tigres, muchos lugares para caerse de la montaña, y siempre es de noche. No escuche los cuentos populares de los aldeanos. Construya un equipo. Consiga un buen sherpa o dos. Empuje hacia adelante. Hay muchos caminos a la cima.

Y si no funciona, tómese un descanso y vuelva a intentarlo.

Su segunda y tercera startup serán más fáciles. Ha aprendido lo que funciona y evita lo que no funciona. Tendrá muchos amigos que lo han hecho y le ayudarán. Los fundadores comparten y se ayudan unos a otros.

Como vio, los fundadores que entrevisté fueron increíblemente abiertos y serviciales. Cuando construya su startup, hable con otros fundadores. Es una gran comunidad.

Escribí este libro para compartir experiencias e información con usted para que pueda evitar algunos errores y tener más éxito. Déjeme saber lo que funciona o no funciona.

Ya estoy trabajando en mi próximo libro. ¿Quiere una copia gratis cuando salga? Suscríbase a mi boletín de noticias en http://eepurl.com/wC-C1 o en mi sitio web.

¡Buena suerte!
Andreas
andreas.com

Apéndice

- Sitio Web para este Libro: Muchas cosas en la página web de este libro en andreas.com/book-startup.html

- Plan de negocios de 1 página. Su plan de negocios en una sola página.

- Discurso de 10 páginas: un Powerpoint de muestra para tu discurso.

- Libros para leer: Los fundadores enumeraron varios libros útiles.

- Mis libros: libros y libros electrónicos sobre SEO, Google Adwords, KPIs, ASO, Twitter, marketing de contenidos y cómo escribir libros. Algunos son libros electrónicos gratuitos y otros están en Amazon.

- Sitios web y blogs: un montón de blogs y sitios que los fundadores dijeron que eran útiles. La lista en la que se puede hacer clic se encuentra en la página web de este libro.

- Publicaciones de blog útiles publicadas por mí: detalles sobre cuánto gana con los anuncios digitales; cómo poner a prueba el discurso de tu abuela; viralidad (más artículos de investigación), +225 ideas para la piratería de crecimiento y más cosas.

- Asociaciones: Listado de asociaciones y grupos de Silicon Valley.

- Puede obtener documentos legales como incorporación, hojas de términos, NDA (acuerdo de no divulgación por sus siglas en inglés), distribución de acciones y tablas de capitalización de forma gratuita en LegalZoom, Nolo y Clerky.

- Puede obtener planes de negocio gratuitos en BPlan.com.

Notas

Notas

www.ingramcontent.com/pod-product-compliance
Lightning Source LLC
Chambersburg PA
CBHW021816170526
45157CB00007B/2607